君は、こんなワクワクする世界を見ずに死ねるか!?

田村耕太郎

朝日文庫

本書は二〇一二年六月にマガジンハウスから刊行された『君は、こんなワクワクする世界を見ずに死ねるか!?』を大幅に加筆修正したものです。

はじめに

２０１２年の単行本『君は、こんなワクワクする世界を見ずに死ねるか⁉』の刊行から10年以上が経った。10年ひと昔というが、この10年で世界も日本も大きく変わった。私自身も東京からシンガポールに住まいを移している。シンガポールに住むきっかけになったのは国父・故リー・クワンユー氏の名前のついた大学から招聘を受けたことに始まる。

アジアのリーダーとして、シンガポール建国の父として、世界に名をはせる故リー・クワンユー氏に個人的にお目にかかる機会を、私は三度もいただいた。率直な物言いで有名な氏から多くの印象的な直言をいただいた。

「君はタムラって名字か。確か政治家に何人かいるね。世襲かい？」

「いえ。（胸を張って）政治家は家族に一人もいません」

「（やや残念そうな表情になり）そうか。じゃあ君は絶対首相にはなれないな。日本じゃそうだろ」

かなりムッとしたが完全な正解だった。

「日本人は優秀だ。多くを日本から学ばせてもらった。ただ、僕が若い日本人で英語を話せたら日本から出て行くよ」

ムッとして、なぜですか？と聞くと、

「日本は引っ越せないんだよ。中国の隣で小さく、貧しく、老いていたらまずいよ。世界の多くの国は、自国の課題を認識できず窮地に陥る。だが日本は違う。優秀だから政府も国民も課題も解決策も全部わかっている。なのに誰も行動を起こさない。それがとても残念だ」

今になってとても腑に落ちている。

小さく、貧しく、老いていく。

日本の人口はこの10年間で４００万人近い減少となっている（国連統計）。高齢者の人口比率は24％から29％と上昇し、平均年齢は45・2歳から47・7歳と3歳近く年老いてきている。

今から思うと信じられないが、２０１２年には年平均で約80円だったアメリカドル。それから10年以上経つ２０２３年10月の段階で、１５０円まで下落している。８割以上の下落である。アメリカのＧＤＰは２０１２年当時米ドルで日本のＧＤＰの２・６倍だったが、今や5倍以上の開きがある。一人当たりで比較しても日米の差は２・25倍となっている。個人としての日本人の豊かさはアメリカの半分以下なのだ。

２０１０年に日本のＧＤＰを追い抜いたお隣中国。２０１２年には徐々に差を広げ、日本より36％大きかったが、10年経って中国のＧＤＰは日本の4倍以上と急拡大して大差をつけている。

長らく「世界第2位の経済大国」が日本の枕詞だったが、このところ「世界第3位」。それどころか、実質でインドに抜かれる日も近く、その後インドネシアやブラジルが日本を抜いていくだろう。

私の住むシンガポールは一人当たりＧＤＰではアメリカよりさらに豊かで、日本と比較すると日本の２・45倍の豊かさだ。

経済だけではない。2012年当時の世界の軍事力はアメリカが圧倒的に1位で、アメリカは世界の警察官と言われ、国家単位の戦争はもはや起こらないとみられていた。ところが、2022年2月にはロシアがウクライナに戦争を仕掛け、これを書いている2023年10月時点ウクライナ戦争は出口が見えない状況に見える。国家同士の領土をめぐる総力戦が21世紀でも消えていないのだ。

それどころか日本のそばの東アジアでは台湾有事が危惧されている。米軍基地が集中する沖縄のすぐそばの台湾で武力衝突が起こることは、われわれ日本人にとってまったく他人事ではない。台湾をめぐって米中が衝突すれば米軍基地のある沖縄は戦地となり、日本への物流のチョークポイント（地政学的に重要な海上水路）である台湾海峡、バシー海峡が封鎖されてしまえば、食糧の62％やエネルギー輸入の88％をブロックされ干上がってしまう。食料自給率132％、エネルギー自給率104％のアメリカとは立場が違う。

日本を取り巻く世界の経済や国際関係が激変する中で、シンガポールからたまに日本を訪れる私の目には、残念ながら日本はますます鎖国的になっている感じがする。コロナ禍で物理的にも国を閉じ、外国人をウイルス扱いするような水際対策を長らく取り続けた我が国は、どこかで「国を閉じて皆で貧しくなれば大丈夫」との暗黙の了解を社会で交わしているようにも見える。私の想いが間違っていてほしいものだ。

江戸時代はほぼ国を閉じても存続できた日本だが、当時とは人口数も経済力も格段に違う。一見鎖国してもやっていけそうに思えるかもしれないが、実は日本は食料もエネルギーも自給できず、自国を自力で防衛する能力も持たない（持てない）。世界との関係がなければ存続できない国なのだ。

このまま、人口を減らし、年老いて貧しくなってはいけない。日本は西欧の端っこや北米にあれば、今の経済力でもまだのんきにできるだろう。しかし、われわれの置かれた環境ではこれ以上国力を落とすことは許されないと思う。

これからの日本で生き抜いていくからこそ、ぜひとも世界を見てきてほしい。よく「海外で何を見たらいいですか？」という質問を受けるが、スーパーに行ったり、外食に行ったり、マクドナルドやスターバックスに行くだけでいい。とにかく海外に行けば、今の日本人の購買力の低さがわかり、**これはやばいなと実感できる。**

日本は、例えば〝ラグビー日本代表チーム〟をイメージしたものをつくれば、最強になれる。今のラグビー日本代表は、チームの半分以上が日本で生まれていない選手で出来上がっている。日本で生まれていなくても、日本のために体を張れば強い。そんな代表を日本国民の多くが応援している状況は希望が持てる。

世界最強国家アメリカの強さはまさにそこにある。アメリカで生まれた人ばかりでやっていたらアメリカは強くなれない、と彼らはわかっている。大谷翔平選手のように、アメリカで生まれていない選手を受け入れて、世界最高のリーグを作り盛り上げていく。

シリコンバレーの成功者も大半はアメリカで生まれていない。日本の「1億総活躍」は選挙向け政治スローガンとして理解できるが、**本当にやるべきは世界80億人を日本のために活用することだ。**そのためにも多くの日本人が世界を見て世界を感じて世界に日本を開いてほしい。

逆説的だが、日本の良さを再発見するためにも海外に出てほしい。日本にいては「日本の素晴らしさ」は当たり前になっていて実感できない。**日本を離れている身の方が、日本の素晴らしさを再認識できる。**

いい例が私の娘である。私の娘は2歳でシンガポールに引っ越し、今はシンガポールのインターナショナルスクールに通っている。シンガポールに暮らす子供たちの間では日本は大人気だ。

まず、日本は、あらゆる国籍・文化の子供たちに大人気の〝ポケモン〟に代表されるアニメの発祥の地としてリスペクトされている。とんカツ、カレー、焼き鳥、寿司、うどんなどの和食も大人気で、娘の通う学校の学食でも巻き寿司が売られている。日本のスーパーも大人気。

常にクラスメイトから母国を絶賛される娘は鼻高々だ。私が食卓で日本の批判をしようものなら、「パパはいつも自分の国を悪く言って何がうれしいの？」とたしなめられる。

シンガポールの間でも、「アジアであんなにたくさんのノーベル賞を取っているのは日本だけだ」「日本人はオリンピックでたくさんメダルを獲るし、欧州のサッカーやアメリカの野球やバスケの最高峰リーグで活躍している」「アジア人が対抗できなかったラグビーでも欧州勢を負かすようになっている」と文武両道ぶりを絶賛される。

旅行先としても日本は大人気だ。アジアのリゾートも素晴らしいが、南北に長い日本にはスキーからビーチ、山岳地帯まで多様な自然が楽しめる。神社仏閣やお城なども歴史があって美しいものが多い。加えて航空路線から鉄道まで交通インフラが正確な時間のもと運営されている。

これらは「何度行っても日本は飽きない」とアジアの人たちに観光地として好まれている。ただ、最近の物価と為替から来る日本の安さが好まれているのは良し悪しだが。

これからの日本は世界に開いて学んでいかないと生きてはいけない。同時に、日本の素晴らしさも世界にもっと売り込む必要がある。そういう意味でもこれからの日本を担う若い人たちを中心に世界に出て、世界を知り、日本を再発見してほしい。これから健康寿命も延びるので、もちろん中高年の方々にも継続して世界を見てきてほしい。

君は、こんなワクワクする世界を見ずに死ねるか!?　目次

はじめに……3

第1章　「とりあえず今行け！」と私が言う理由……25

世界にはワクワクが満ちている

グーグルマップで世界はわからない……26
頭脳・精神・肉体を磨く強者たち……31
最も豊かな国の空気を感じてみないか？……34
世界には〝非常識〟しかない……36
スイスで学んだグローバル人材への関門……38
教養がないと世界で通用しない……42
世界の古典をセンチ単位で読む……44
世の中に役立つものはシンプルなもの……47
出てみてわかる本当の海外事情……48

情報洪水の中の情報弱者日本……52

日本人力は世界で武器になる

日本人は世界の人気者……54
空気を読む力で無敵キャラになれる……56
世界で自分のモデルを見つけよう！……58
日本の教育の被害者になるな！……62
〝違い〟こそが美しい！……66

このまま日本にいるリスクが高すぎる

外国人の日本語力はケタ外れ！……68
世界で戦える人材になれ！……70
実質消費税60％超えの時代が来る？……73
人口が減り続ける恐ろしさ……75
死ぬまで自分で稼ぐ時代の到来……79
あなたはテクノロジーに取って代わられる……81

自分の役割を見つけるために外へ出よ…… 83
最大のリスクはリスクを取らないこと!…… 86

第2章 世界に飛び出したスゴい日本人たち…… 89

起業家に出会えるチャンスが視野を広げていく
本間毅さんのケース…… 91
日本のソフトパワーを活かし　やりたいことを全力で
吉田直人さんのケース…… 97
日本人で固まらず　世界を広げて好機を摑め!
岩瀬大輔さんのケース…… 102
日本のプレゼンスを上げ伝統文化を守っていく

三木アリッサさんのケース……107
日本人であること、自分であること　「個」を武器に戦う
山下春幸さんのケース……113
閉じた世界で終わらないために　体当たりする気持ちで
石坂信也さんのケース……119
英語を学んで世界の扉が　バイク便から学校経営へ
藤岡頼光さんのケース……125
第3章　学ぶ？　働く？　海外で最高の果実を得るために……139
まずは学べ！　さて「どこに」行くべき？
日本最大の強運はアジアにあること……140

アメリカで各国のエリート層を狙え……144
スーパーエリート校を目指せ！……147
アメリカの大学に行きたい！　さあどうする？……149
シンガポールでアジアを押さえる……153
シンガポールの大学はなぜ最高なのか……159
思い切ってインドのカオスに賭けてみる！……162
外国大学に編入という選択……168
社会人留学はコスパをよく検討して！……175
第一のオススメは欧米の一流ＭＢＡか経済学……176
１年制や通学型のＭＢＡも……180
仕事を続けながらＭＢＡを取るという選択……181
なぜシンガポールの社会人大学院か……187
シンガポール通学型ＥＭＢＡの良さと難点……189
費用はいかに工面したか？……191
今後のキャリアプランは？……193
アジアのＭＢＡも可能性あり……195

各種短期プログラムでお試しも……196

海外で働くためにに備えるべきこと
海外起業はグローバルチームで！……198
経験あるシニア世代こそ海外飛躍のチャンス！……203
行動した人にだけ道は開ける……206
日本人が海外で活躍できる職業はこれだ！……209

第4章　海外進出の本当の果実……211

お金・言葉の問題をどうするか？
資金繰りこそが海外生活の第一歩！……212
英語は詰め込み！　詰め込みは一気呵成に！……214
英語で話すときは人格を変える……218
詰め込むなら〝村上メソッド〟が一番！……220

英語の勉強はこれだけ安く豊富になっている！……222
いかにモチベーションを保つか！……229
勉強法が定まらなければ全部やれ……230

旅は最強の自己投資である

お金を使うべきは「旅行」「健康・運動」「勉強」……232
世界のお金はインドへ向かう……234
インドで学んだ「うろたえない力」……236
メタ認知で知るポルトガル……238
欧州の大学の授業料はお手頃……241
〝時短〟に意味はない……242
かいた恥は力になる……244
スペインで学んだ「今そこにある幸せを見つける力」……247

グローバル舞台での人脈術について

顔の広いキーパーソンを押さえよ……249

相手をよく調べておけ…… 251
パーティーは最後まで…… 253
ギブ・ギブ・ギブ＆テイク…… 256
自分と違う強みを持つ最強の仲間を作れ！…… 258
世界を変えるのはこんな人間だ！
世界で最も過酷な環境で生きた少女…… 262
〝自称勝ち組〟を蹴散らす勇気…… 264
海外に飛び出して初めてわかったこと
「自分よりすごいヤツがいない」環境にいてはいけない…… 266
帰って来いという理由…… 269
おわりに…… 275

本書で提供している情報は、原則として執筆当時のものです

協力　浅野智哉

君は、こんなワクワクする世界を見ずに死ねるか!?

第1章

「とりあえず今行け！」と私が言う理由

世界にはワクワクが満ちている

グーグルマップで世界はわからない

日本は強烈な解熱剤や痛み止めをたくさん飲んで、体温や痛みを限界まで止めている国だと思う。しかし、その薬も飲みすぎで効かなくなってくるし、今後の変化は薬では止められない。

安定して変わらなく見える日本だが、モノの値段や会社、社会の激変が必ずやってくる。どうせそうなるなら、熱や痛みを止めずに変化を受け入れている他国で、すでに起こり始めている「変化」を見に行くべきだ。

海外の情報は、今やネットですべて手に入る。特に若い世代はそう思っているのではないか。たしかに昔と違い、クリックひとつで、世界中の情報ネットワークにアクセスできる。そこで得られた情報によって、現地のことがわかったような錯覚に陥ることがある。

しかし断言しよう。**ネットで得られる情報では、君がたった一度の人生を思い切り楽しみ、悩み、生き抜いていくためには、足りない！**

ネットで得られる情報は、しょせん情報の断片だ。ネット上の情報の多くが英語だと言われ、日本語の情報は、世界人口に対する日本人口の比率と同程度の2〜3％と言われる。英語ならまだしも、ネット上で日本語になっている世界の実情は、相当限られている。

たとえ英語の情報でも、デジタルとリアルの世界は相当インパクトが違う。今のデジタル技術では、世界の各都市が持つパワーや人々の多様性や経済のインフレがもたらすエネルギーを伝えることができない。

〝事実はウェブ上より奇なり〟だ。世界の本当の姿はウェブ上では表現できない。グーグルマップで見ている世界より、本当の世界ははるかに大きく、変化と多様性に富んでいる。そして変わった面白い人間がたくさんいる。以下、私が実際に見聞きしたこと、経験者から聞いた場面を並べてみよう。

アメリカ東部の名門イェール大学に学部から入った、若い日本人の話だ。深夜の図書館。図書館が閉まる直前まで懸命に勉強をする18歳の若者。その彼はソマリアの戦争孤児。内戦で家族も親戚もほとんど失った。「夢をつかむために海を渡ってやってきた」と語る。日本人の彼は早々と勉強を終え、仲間と騒ぐため図書館から寮へと急ごうとした。

ふと隣を見ると、ソマリアからの留学生はまだ必死に本を読んでいる。彼はいつも図書館が閉まるまで残って勉強している。この日本人学生、「**家族も元気で恵まれている俺こそもっと頑張らなきゃ！**」と思い直して図書館へ引き返したという。そして、ソマリアの戦争孤児の勉強が終わるまで一緒に勉強した。

一緒に寮へ向かう帰り道、引き返して勉強した自分に、「身震いするくらい感動して涙を流した」と言う。多様な生徒に囲まれて、色んな思いを感じて、その中で自分が感動するくらい勉強する機会が今の日本にあるだろうか？

続いて、私が見てきた景色の話。アラビア湾に浮かぶ人工島でのこと。アブダビ政府が2兆円以上のお金をかけて、F1グランプリ開催のためだけに造った島。そこにはサーキット場とそれを覆うように建つモダンアート風のホテルと巨大マリーナがある。マリーナには、1隻100億円クラスの巨大クルーザーが100隻近く係留されている。ヘリが舳先に降りられる、そのイージス艦並みの大きさのクルーザーから、水タバコをふかしながら金持ちのアラブ人たちが、F1グランプリを見つめている。バブル時代の日本の成金も恥ずかしくなるくらいの、こんな桁違いな成金の、成金らしい振る舞いを君は見たことがあるか！

これが世界の成金が作り出しているバブルだ！　2兆円かけて島を造ってしまうような連中の生態を見ずに死ねるか⁉

次に、日本政府の援助で造られたニューデリー近郊のスラム街にある小学校でのこと。真っ黒な牛が突如白い牛に変身。なんのことはない、私が近づいたら逃げ去った大量のハエが白牛を覆っていたのだ。その牛の横を通過して出来たての小学校へ向かう。強烈な臭いと埃っぽさがたまらない。しかし教室を覗けば心は晴れる。大きな目をくりくりと輝かせながら、19×19の暗算をこなす子供たち。みんなまだ5歳だという。一人ひとりが「宇宙飛行士になりたいです」「コンピューター技師になりたいです」と夢を語ってくれた。そしてそれから15年以上経って、インドはアメリカも日本も欧州もなしえなかった月面の南極部分への着陸という難度の高い宇宙開発を、ハリウッド映画の制作費以下の予算でなしとげた。今やグーグルもマイクロソフトも、インド人が社長であり、インドではコンピューターを使ったスタートアップが日本より多く生まれているのだ。

　またインドは街中でも、本当に動物が多い。牛や犬が山ほど、うろうろしている。超高層ビルのすぐ下の水たまりでは、貧しい子供が牛と一緒に泥水を飲んでいた。これは現代のことだ。君は今世紀にもしっかり残る、本当の貧困を見たことがあるか？**目を輝かせ、その貧困から立ち上がろうとするパワーを君は見たくないか！**　巨大なエネルギーが渦巻く混沌（こんとん）とした光景のコントラストは忘れられない。

　また、モスクワ川のほとり、クレムリンにほど近い一等地に位置するロシア最高級のクラブでのこと。その最上階のテラスに美女たちが集っている。彼女たちを彩る、信じられない大きさと輝きの宝飾品。テラスの一晩のレンタル料金は１２００万円！

これを高級ワインを飲みながらキャッシュで支払うのは、30代のロシア人の若手実業家だ。カリスマモデルレベルの女性が、博物館展示品並みの宝飾品を身に着けてさっそうと集結している。デフレなんて世界はここにはない。もちろん、悲しくなるくらいの格差がロシアにはある。私が見てきたのは上澄みの中の上澄みの部分だ。しかし、現代の地球に暮らす若者の中で、こんなバブルの中でパワフルに遊ぶ若者はたくさんいる。バブルは遠い昔の話といってバカにしている場合ではないのだ。**バブルを無視したり軽蔑したりする前に、バブルが人を突き動かす魔力も見てきてはどうか？**

自分がバブルの中で何を感じるか知りたくはないか？　ただ、ロシアはもはや当分われわれが渡航できる状態にはなくなった。そしてあのバブルはどうなっているか？　いつか必ず見に行こう。

頭脳・精神・肉体を磨く強者たち

次は、ソウル・延世（ヨンセ）大学でのこと。緑に囲まれた美しいキャンパスは、アメリカのアイビーリーグのよう。韓国の学生が、見事な英語でハーバード大学の同年代に指令を出し仕切っている。ハーバード大学で最大の学生主催の国際会議ＨＰＡＩＲ(Harvard Project for Asia and International Relations)が記念すべき第20回の大会を開催した場所は、東京でも北京でもなくこの街だった。ハーバード大生の前でも一歩も引かない堂々たる韓国人大学生たち。主催者である韓国側の学生代表。彼の将来の目標は「国家を守るために国家情報院を目指します。お金じゃないんです。頭、身体、心と自分の総合力を進化させたいんです」と。「その前に、大学を卒業し、これから徴兵に行きます。自分の心身そして頭脳が今のところどこまで通用するか試してみたい。集団生活も楽しみ」と、胸を張って宣言した。

北朝鮮と今でも〝臨戦状態〟にある韓国。韓国人のたくましさは戦争状態下での徴兵にあり、厳しく男を育てる社会が韓国の企業や人材のグローバル化の基礎をなしているのかもしれないと思った。**日本のほんの隣の国の、顔も肌の色もよく似た若者たちの意識が、こんなにも日本の若者たちと違う。**生きている人生が違う。Ｋ－ＰＯＰやサムスンを論評する前に隣国を感じてきてはどうか？

次に、イタリアのナポリでのこと。美しい海岸線は、熱海の海辺を思わせる。そこに立ち並ぶ歴史を感じさせる建築物。遠くに、かつて栄えた一つの都市を滅ぼすほどの噴火をみせた火山が望める。食べ物も最高だ。世界のどんな高級レストランで食べたピザより、この街の小汚い店のピザの方がうまい。クラシカルなデザインのカバンや服や靴が街中にディスプレイされていて、絵画のようだ。

この街でも、新たなグローバルな対応は始まっている。高価そうなスーツに身を包んだ浅黒い肌の紳士の集団。バカンスで日焼けしたイタリア人かと思うと、インド人だ。インド人対イタリア人のおしゃべり対決は、インド人の勝ち。インド人投資家たちは、この地の対岸にあるアフリカ諸国への投資についてイタリア人と議論している。

イタリア人はオシャレとワインと女性とバカンスに夢中で、ビジネスを真面目にやらないとの印象を持っていた。日本人の多くがそう思っているかもしれない。しかし、イタリアはインドの力を使って最後の新興市場アフリカ市場を果敢に攻めている。怠け者かと思われたイタリア人も、インドとアフリカという究極の新興国コンビの仲介をやりながら、リスクを取って懸命に働いているのだ。詰めも細かい。

インドとイタリアとアフリカ。こんな動き、日本で報道されていない。世界の新たな動きを知らされた。ナポリを見て死ねとはまさにこのことか？

そして、再びアメリカ。世界中から集まった英才学生たちとパーティーを楽しみ、議論でボコボコにされ、明け方近くまで勉学に励む。これが、ハーバード大学やイェール大学での学生生活だ。教授は南米の大統領や、アメリカの財務長官を経験したクラスの人たち。実務経験に基づいた経験談を交え、見事に気さくに楽しい授業を展開する。皆がやるのは勉強だけではない。スポーツもチャリティも音楽も芸術も頑張る。でも「学生の本分は勉強」との考えが徹底されているので、成績が落ちたらクラブ活動はできない。学力も体力も人間力も、全寮制という共同生活の中で鍛えられる。世界がつながってくる中で、頭脳、精神、肉体を日々鍛錬している、こんな連中と触れ合って刺激を受けて、一緒に面白いことをやってみたら、絶対すごいことができるぞ！

最も豊かな国の空気を感じてみないか？

かつてはさびれた漁村だった淡路島ほどの国家、シンガポール。その建国は、ほんの五十数年前に、隣国から不本意な形で切り離された直後に、リー・クワンユー氏の絶望と覚悟の涙の会見で始まった。その小国が、今や日本を抜いてアジアで最も豊かな国家の一つとなった。

カジノに隣接するホテルの屋上、地上200メートルに、幅150メートルのインフィニティ・プールがある。プールの隣は最新のクラブ。そこから眺める赤道直下の風景。街中で建設クレーンが稼働している。地上200メートルのクラブから同じくらいの高さにあるクラブが2軒見える。多様な人種が音楽に身を任せながら、人生を謳歌している。豊かさで東京を抜き去った街の風景だ。五十数年でアジアで最も豊かな国の一つに成り上がった。

熱帯の生暖かい夜風をさらに熱くするシンガポールのエネルギー。国を開いて、世界を常に分析し、果敢に新たな分野にチャレンジする。君も旬なシンガポールを感じてみないか⁉

数々のヒットソングや映画・ドラマの舞台にもなったビーチリゾート、サンタモニカ。有名なビーチからワンブロックのところにそびえ立つ、世界最大・最強のシンクタンク、ランド研究所。ビキニ姿の美女やサーファーが、セグウェイに乗り、サーフボードを抱えて行き交っていた。ハリウッド映画のような、まぶしい光景。世界の頭脳の集まった施設と、若者たちがエンジョイしている空間が一体になっている。アメリカの世界支配戦略をデザインしてきた英才たちの巣窟が、世界を代表するビーチシティのど真ん中にあるこのアンバランスさ。サーファーや観光客に交じって、知の力で世界を動かす人間がさんさんと降り注ぐ太陽の下、交錯する。映画やドラマでも描かれていない秘密の匂いのするこんな風景、ありえないね。

世界には〝非常識〟しかない

まだまだ紹介したい風景は数え切れないくらいある。

あらためて言おう。

君はこんな世界を見ずに死ねるか⁉

世界は今パワフルに動いている。日本のように30年も閉塞感が漂い続けている国はない！

欧州も元気がないと言われるが、この30年で株は大幅に上がり、経済は成長している。先進国でも新興国でも、特に新興国では、若者は希望を持って、勉強に励み、人生も謳歌している。その反面、日本で深刻化する一方と言われる格差が、実は世界レベルで見れば、まだましな方であることもわかる。せっかくこの時代に生きているのに、君らが知るのは、この「勝手に30年も閉塞感に苦しむ日本」だけでいいのか？

今の停滞する日本が、君らの可能性を試す唯一の舞台だと思い込んでいないか？

日本では「そんなの常識だよ」という表現をよく使う。しかし、世界では「常識」つまり「コモン・センス」という言葉は滅多に使わない。多様なバックグラウンドの人間がひしめくアメリカでは使えない言葉だ。多様を認めれば、「そんなの常識」なんて安っぽい表現は使えない。色んな人種、信仰、政治信条、国籍の人々が交錯する今のグローバルな舞台において、「皆が共有できる常識」など存在しないからだ。

「日本の常識は世界の非常識」という表現があるが、言い切ってしまえば、世界には非常識しかないのだ。

たった一度の人生。日本だけでしか通用しない「常識」の中で生きるだけでいいのか？ 給料や人口や仕事が増えない世界がすべてだと思っていないか？

ネットではこんな世界、多分実感できないと思う。この本を丸々使っても伝え切れないくらいだから。

親が元気で、養わなければならない家族がまだいないなら、超ラッキーではないか。そんな瞬間はあっという間に君らの人生からなくなってしまう。今しかないぞ！

スイスで学んだグローバル人材への関門

私が初めて外国に出たときの話をしよう。

最初は1980年代前半、スイスに留学した大学時代だ。

ホームステイ先のお父さんは、多国籍企業の重役。列強に囲まれた小国スイス人は多言語を操る。お母さんはフランス人。お父さんと子供はドイツ語と英語で話し、お母さんと子供はフランス語とドイツ語で話していた。当時、英語もアップアップだった私はとても衝撃を受けた。

あるとき、お父さんと2人きりでドライブに出かけた。お父さんは私に訊いた。

「コータロー、君は将来どうなりたいんだ？」

私は「世界を舞台に仕事をしたいです」と答えた。するとお父さんに、

「だったら君の英語じゃダメだ」

と、はっきり言われ、こう諭された。

「スイス人が外国語を見事に操るのに驚いているだろう。でもそれは小国だから仕方ない。だが、日本のような大きな経済でもやがては自国だけでやっていけなくなる。きっと将来、組織も社会もずっとグローバル化していく。そのとき必要なのは何より英語だ。フランス語もドイツ語も英語もほとんど同じアルファベットだ。けれど日本語は全然違う。日本人にとって英語を学ぶ不利さは並大抵じゃないだろう。けれど君の年齢だと、グローバル化の波に必ず巻き込まれる。**君たち若者は、グローバル化から絶対に逃げられない。来るべき未来のために、君はもっと英語を学ばなくちゃいけない。**今のレベルだと仕事では使えないよ」

すごく衝撃的だった。英語を学ぶ必要性は、それなりにわかっていたつもりだった

が、ここまではっきりダメ出しされるとショックでもあった。

「大学だけじゃダメだ。ＭＢＡ（Master of Business Administration＝経営学修士）を取りなさい。グローバルな舞台でのパスポートになる。ＭＢＡってわかる？　ビジネススクールだよ」

ビジネススクール？　専門学校のことか？　その程度の知識しか私にはなかった。しかし、後にこのことを思い出し、ビジネススクールやロースクールに進学することになる。

「僕の言葉が厳しく聞こえたかもしれない。でも、厳しいのは社会であって僕ではないんだよ」

そう言うと、お父さんはいつもの優しい笑顔に戻っていた。考えが甘かった私は正直傷ついたが、思い直してその悔しさを勉強にぶつけた。その日の午後から英語を猛特訓。子供たちや近所の同世代の大学生たちに交じって積極的に話し掛け、辞書を片手に家の中の本や雑誌も寝る前に斜め読みした。

今でもそのお父さんに心から感謝している。あのときはショックだったが、そこまで親身になってあの気づきを与えてくれるなんて、本当に自分を想ってくれていたのだと思う。

お父さんは生粋のスイス人で、強国に囲まれ、ヨーロッパの中でグローバル化せざるを得ないタフな環境で育ってきた。アインシュタインも卒業したスイス連邦工科大学に学び、フランスの名門インシアード（INSEAD）ビジネススクールでMBAを取得していた。国土も狭いし、資源も少ない。列強に囲まれ過酷な時代を生き抜いてきたスイス人は、傭兵から始まり、その後、時計製造や金融で身を起こしてきた。

永世中立国と言うが、それは〝はりねずみ〟政策。国民皆兵で武力で国を守るのだ。どこかの国のように「憲法9条を唱えていれば敵は攻めてこない」なんてナイーブな発想ではない。国際社会の厳しい現実を直視しながら国民が国を守り経済を育て、世界の力を活用して豊かになってきた。その歴史の中で生まれ育ち、世界的なグローバル企業の幹部であったお父さんの大人の言葉には、重みがあった。

世界に出る。英語を学ぶ。

教養がないと世界で通用しない

後の私の人生の指針は、海外で気づいたもの。スイスのお父さんは、10代のときに僕の目を覚まさせてくれた、かけがえのない恩人だ。

ほどなく東京に帰って、東京イングリッシュフォーラムという英語の討論グループに参加し始めた。毎週土曜日の午後、前週に決めたテーマで2時から5時まで英語でディスカッションをする会だ。各国の大使館員やジャーナリスト、大企業の国際部門の人たちから私のような学生まで幅広いメンバーが参加していた。

当時、この会のリーダーをされていたのが、佐々木賢治さんという男性だ。大手金融機関のニューヨーク支店勤務を終えて本店に帰国したばかり。名古屋大の理学部数学科を出て、自費でシカゴ大のMBAを取った猛者でもあった。発音に独自の訛りがあったが、機関銃のように英語を話すその姿にいつも圧倒された。私のような若輩に対して非常に面倒見がよく、志から叩き込んでくれた。いわば現代版の吉田松陰のような人だ。この東京イングリッシュフォーラムも佐々木さんの私塾のようであった。

佐々木さんは生意気な私に関心を持ち、よく飲みに連れて行ってくれるようになった。

私の英語力は飛躍的に向上していて、自分ではかなりのレベルにあると思い込んでいたのだが、ある日、佐々木さんは「田村君の英語は内容がない。教養が足りないからだ。**教養がないと論理的に話せない。**だから勢いはあっても説得力がないんだ」とストレートに言ってきた。

ディスカッションでも、佐々木さんほどではないがけっこうしゃべれるようになっていた私は、横っ面をグーで殴られたくらいの衝撃を受けた。

佐々木さんから、「大学でろくに勉強もしてないだろ。教養がないと世界で通用しないよ。そのためには**時間が経っても生き残っている本を読め。それが古典だ。**古典を読め！」と指導された。恥ずかしながら、大学時代は教科書さえまともに読んだことがなかった。なぜならテストの問題は毎年ほぼ同じであり、その解答を覚えるだけでよかったからだ。これが巷で〝レジャーランド〟と揶揄される日本の大学の実態だった。

世界の古典をセンチ単位で読む

佐々木さんは数学科出身だから頭は切れる。非常に論理的に考え、話すことができる。それでいてなお、アメリカのＭＢＡで学び世界の金融の最先端であるニューヨークでしのぎを削ってきた。世界の舞台では「教養がないと仕事はできない」と痛感したようだ。「歴史や哲学や科学は、先の読めない変動の大きなグローバル化時代に先を照らす松明のような役割を果たしてくれる」と口酸っぱく言っていた。数学科出身の佐々木さんは何でも計算する。彼は大学時代、図書館の本棚の幅をメジャーで測って３６５で割り、一日に何センチの本を読めば、図書館の棚を読破できるか計画を立てたという。「よし！　今日は15センチ。明日は週末だから30センチ読むぞ！」と決めて、あらゆる本を日々読み続け、大学を卒業する頃には図書館の主な書物を、すべて読み通してしまったという。

佐々木さんの指導は、まさに教養重視のリベラルアーツカレッジのようなものだ。暇さえあれば常に読書をする癖をつけてくれた。それからというもの私は、『孫子』

に、『ローマ帝国衰亡史』に、宗教に、宇宙、遺伝子に……学問の基となる古典の本を、片っ端から読み出した。佐々木さんのやり方にならい、厚さを測って図書館の本を乱読した。なかには超つまらない本もあるが、それらは流し読み。流し読みでも若いうちはけっこう頭に入っていくものだ。雑学王のようになってきた。

そこで読んだチャールズ・ダーウィンの『種の起源』、ルキウス・アンナエウス・セネカの『人生の短さについて』、ニッコロ・マキアヴェリの『君主論』、アダム・スミスの『国富論』などは、後にどこでも役立った。時代を超えてサバイバルしている本は、賞味期限数年のベストセラーと違う。中身も格式も段違いに素晴らしく、その全編を貫く朽ち果てない理論や本質はあらゆる物事に応用可能だった。人間や企業行動を分析するとき、進化論や君主論がいかに役立ったか。人間関係でも「孫子の兵法」は使える。「戦わずして勝つ」のがいい人生であり、勝負の鉄則だと思った。

大学院の2年目につかんだ単位交換留学で、フランスのグランゼコール（フランス独自の国立高等専門教育機関。少数精鋭で入学のハードルは高いが、卒業後はその分野のエリートとしての評価を受ける）に留学したが、そこでこれらの知識は大いに生きた。グランゼコールは社交が盛ん。毎週華やかなダンスパーティーがあった。ダンスも適当にできた方がいいが、ここでの会話に教養を見せることは自分を印象付け、人脈を広げるのに役に立った。フランス語の壁があって勉強ではあまり貢献できなかったが（というより実際はかなりの落ちこぼれ）、パーティーでの背伸びした教養話とスポーツ活動での身体を張った貢献で、留学を乗り切った。

社会人になってからの最初の仕事は企業買収の仲介。自分の父親や祖父のような世代の経営者に会って、会社の買収や身売りを説くのが仕事。大人びた教養で話をつないで印象付けることができたことで、3年目から立て続けに大仕事を成し遂げ、その実績で企業派遣での海外留学を勝ち取れた。

先述の佐々木賢治さんは今、名古屋で〝私塾〟を開設している。その名も「佐々木インターナショナルアカデミー」。英語学習、英米留学、国際ビジネス等の支援を事業としている。日本有数の留学支援実績を誇り、地域の企業のグローバル化支援に多大な貢献をしている。中部地域で留学を目指す方、使える英語を学びたい方、グローバルにビジネスを展開したい方に、オススメである。

世の中に役立つものはシンプルなもの

海外の古典を読み通して気づいたのは、本当にいいものはシンプルに書いてあるということ。私の読書の基準は、「必要以上に難解な書物はあまり読む価値がない」というもの。難解な表現が多い書物の背景にある著者の特性は二つだ。一つは、見栄っ張り。たいして意味もないことをあえて難解に書くことで権威付けようとする姿勢だ。こんな著者の作品は読む時間がもったいない。

もう一つは気配りがない。読み手に対して配慮がないのだ。ただこの場合気をつけなくてならないのは、配慮が足らなくても優れたものはあるということ。天才型の人にもこういう人が多い。天才は得てして自分勝手な人たちなので、そもそも他者への配慮がない。自分と同じくらいの理解力があるのが当たり前だと思っている。こういう人の書いた本にはいいものがあるので、その場合、頑張って読むしかない。

シンプルで平易といえば、マクロ経済学の生みの親である、ジョン・メイナード・ケインズ。『雇用・利子および貨幣の一般理論』も朽ち果てない名著だが、官僚であり投資家でもあった彼が経済学に求めたのは「シンプルな実学たること」。ケインズは師アルフレッド・マーシャルの追悼文で、〝経済学者の本業はパンフレットを書くことだ〟と述べた。経済学者は難解な論文を書くのではなく、大衆にわかるような簡易な処方箋を書くべきと彼は言いたかったのだ。

「無駄に難解」という意味では、原著よりひどいと思ったのが日本の翻訳。宗教から歴史から哲学までこれらは難解なものが多い。その多くは、権威付けだと思う。原文や英訳で読めばとてもシンプルで身近にさえ思えるような表現なのだが、「簡単にわかってもらっちゃあ、こちらの権威や仕事がなくなってしまう」ということだろう。

出てみてわかる本当の海外事情

海外にひんぱんに出るようになってからよく感じるのは、日本にいると世界の本当の情報というものが得られにくいということ。これだけネット社会になったとはいえ、ウェブで得られるような情報は、即時性と正確性ではかなり劣る。

例えば、国同士の関係。世界第1位と第2位の人口の国である中国とインド。この

2か国とも新興国の星である。実は、中国もインドも新興国と呼ばれるのが大嫌い。〝新興国〟には「成り上がり」の響きがあるが、この2か国とも「もともと世界の中心はわれわれであった。その時代に戻るだけ」と思っている。「産業革命後、野蛮な欧米に蹂躙され、この200年ほどわれわれは低迷していたが、その前の2000年はわれわれ（中国とインド）が世界経済の中心だった。今われわれは急成長しているのではなく、もともとの状態に戻りつつあるだけだ」と鼻高々なのだ。

しかしこの2国は相当仲が悪い。1959年の「チベット動乱」を契機に、チベットとダライ・ラマの扱いを巡って中印関係が一気に悪化。一時は国境付近で戦争状態となった。その後、中国とパキスタンが友好関係を結び、パキスタンと犬猿の仲のインドはさらに中国との関係を硬化させた。

日本でさえ、横浜や神戸にチャイナタウンがあるのに、日本の10倍以上の人口を持つインドには唯一、コルカタにチャイナタウンがあるだけだ。人口1000万人以上の都市にチャイナタウンがないのは、インドだけだ。反対に中国にも、インド人街と言えるほどのインド人の集積地は見当たらない。留学生たちを見ても、この2国の学生たちは、お互いに滅多に近寄ろうとしない。

次に中韓関係。日本では右派のメディアを中心に、中国と韓国がタッグを組んで、日本を歴史問題や領土問題で責めているというイメージが作られている。しかし実際は、この2国の関係もひどく悪い。はっきり言えば、中韓の間でも、歴史認識や領土問題が存在するのだ。日中韓の財界や政界のレセプションに行くと、よくわかる。韓国のビジネスリーダーは、中国の国家資本主義や知財取引を筆頭に詐欺まがいの商慣行に怒りをぶつける。中国による北朝鮮の支援を巡って、中韓の政治家同士も激突する。韓国が実効支配している離於島（中国名・蘇岩礁）等の領土問題もある。中国と韓国は、識者レベルでも歴史認識や領土問題や伝統文化のルーツを巡って堂々と批判し合う。お互い国民性が攻撃的で一歩も引かないので、対立は激しさを増している。

人間似た者同士の方が、違うタイプの人より仲良くなれないものだ。アグレッシブで一歩も引かないところが似ている中韓は、実はお互いがお互いを苦手に思っている。一方、おとなしい日本人の方が実は好感を持たれている。裏を返せばなめられているのかもしれないが。

それから国民性。意外なところでは、イタリア人はとてもシャイだ。イタリア中、道端ですぐに女性を口説く、開放的なイメージを日本人は持っているけれど、そんなイタリア人には滅多に出会わない。口数は少なく、日本人以上に地元志向でグローバルではない感じ。家族意識が強く、歳を取っても家族に寄生している男が多く、だから出生率は日本並みに低い。マザコンっぽい男が多く、陽気というより意外と根が暗い雰囲気。日本の男性向けファッション雑誌が言うほど、イタリア男はオシャレでもない。ナポリやミラノのファッション先端地域を歩いても、日本の代官山や裏原宿あたりの日本男児の方がよほどオシャレだ。

アメリカ人もそうだ。主張と独立精神の国民だと言いながら、面と向かってはっきりものを言うと、意外にへこむ。日本人以上に精神的に傷つきやすい面があるので、やや厳しい意見を言うときは、かなり気を遣って婉曲的に伝えないと、後々の関係に支障が出る。イギリス人のヘアデザイナーが、「アメリカ人客には間接的に物を言わないと傷つく。この前『あなた歳ですねー』と気さくに言ったらへこまれた。アメリカでは『成熟してますねー』とか言わないといけない。欧州では『あなた歳ですねー』を誰も気にしない」と言っていたことが印象的だ。私の師匠で、イェール大で長年教鞭をとっていた浜田宏一先生も、「出来が悪いレポートにダメ出ししたら目の前で泣かれた。とにかくほめて、遠回しに批判しないとダメなんだねー、彼らは」とこぼしていた。

情報洪水の中の情報弱者日本

正確に比較する術はないが、今世界を流れる大量の情報のうち、日本に正確な状態で入ってきている情報の量は、昔より落ちているのではなかろうか？日本にいて日本語しかわからないと、どんどん情報弱者になっていく。

中国からのある留学生が私に言った。

「世界の情報を知らせるバラエティ番組で、日本のタレントが『知らなかったー。あり得ない！』とよく言っている。それが本当におかしい。だって情報統制されていて海外の情報が簡単に手に入らない私たち中国人の方が、もっと世界を知っている。日本のタレントが驚いていたことのほとんどを私は知っていた。『あり得ない』って日本人が言っていること自体が、『世界ではあり得ない』。中国よりずっと進んでいて何でもある日本だけど、日本は時が止まっているよ」と。

やや耳の痛い言葉ではあるが、逆に言えば、それだけ世界の情報に背を向けていながら、これだけの経済レベルが維持できる日本の基盤はすごいということだ。

日本人が持っている海外の知識は、偏っていて陳腐化している可能性が大きい。世界の変化の幅もスピードも上がっている。日本に入ってくる世界の情報の中には、中韓関連のように、一部の利害関係者が捏造（ねつぞう）した妄想じみたものも少なくない。やはり

外に出て自分の目と耳で確かめてみるべきじゃないか？

日本人力は世界で武器になる

日本人は世界の人気者

出てみなければわからないことで、私がこの本で強調したいことの一つに、「日本人ほど世界でまんべんなく好かれている人たちはいない」ということがある。日本のパスポートは世界最強である。私は今のところ、「日本人に生まれたことは金メダル」だと思う。今のような経済や政治が続けば、これからはわからないが……。

先ほどの中国・韓国においてもだ。たしかに両国とも過去の歴史問題を含めて、日本大好き！というわけではないけれど、「韓国人に比べたら日本人の方が好きだ」「中国人と仲良くするぐらいなら日本人と親しくしたい」と、本音で語る人は少なくない。

アジア諸国に行けば、なおわかる。日本に対して心から好ましくない感情を抱いているのは、ほんの一部。ほとんどの国では好意的だ。それが若い世代になれば、より日本人や日本に好感を持っていると言っても過言ではない。

インドやシンガポールでは日本人はとてもモテモテだ。何といっても、日本の技術やデザインや文化に信頼と好感を持っている人が多い。欧米と戦争をして勝った経験（対ロシア）に敬意を持っている人は、若い世代でもいる。今も続く多額の開発援助にも感謝している。もちろん、日本食の美味しさと豊富さも人気の支えになっている。意外なところでは「はっきりと四季があるところ」も人気だ。特に日本の冬、雪と温泉と熱燗が大好きなアジア人が多い。

中国人や韓国人のアグレッシブさについて、私はうらやましく思ったりするが、前述の通り、日本人の礼儀正しくて、控えめな点が好かれている。逆に言うと、くみしやすい相手と思われているのかもしれないが、最初の段階で嫌われていないのは、間違いなくアドバンテージだろう。

成功の一つのカギに、ライカビリティ（likability：好感度）というのがある。愛嬌とでも言おうか？

嫌われるより好かれる方が、当たり前だが、絶対何倍も有利だ。**日本人の好感度の高さは財産だ。**日本人だと言うだけで、信用され、好感を持たれ、人気者になれる。成功への一つのパスポートを生まれつきもらっているようなものだ。だから私は「日本人に生まれて金メダル」だと思うのだ。

空気を読む力で無敵キャラになれる

「空気を読む」という表現がある。他人の顔色をうかがうという意味であり、世界中程度の差はあれ、どこでも必要な能力だ。しかしこと日本においては、この空気を読む力が、学校でも会社でも友人関係でも、あらゆる場面で強烈に求められる。「日本人で最も空気を読まない」と言われる人を、アメリカやインドに連れて行ったら、多分「最も空気が読める人間」という評価を受けるだろう。この「空気」というものに、最も敏感であるのが、日本人だと言ってもいいだろう。

日本人の「空気を読む能力」は、活かし方次第だと思う。空気は絶対読めた方がいい。空気を読めない無神経で雑な人は、世界中でどこでも好感度が低い。問題は、日本人は「読むだけ読んで」それを利用しない人が多いこと。空気を読むセンサーが出した答えを、当たり障りない形でしか活かさない人が多いと思う。読むだけで黙っているなら、外国では逆効果だ。「空気を読みすぎて発言しない、行動しない」よりも、「空気を読めなくて主張したり行動したりする」方が評価されることが多いからだ。

日本人が日本社会でマスターしている空気を読む力は、活かし方によっては、最終的には大きなプラスにすることができる。**「空気を読みつつ、場合によって空気を断ち切って発言する。行動する」。これができれば世界一**だと思う。

人生最期の時を過ごす患者たちの緩和ケアに数年携わり、そのブログを『The Top Five Regrets of the Dying（死ぬ間際に最も後悔する5つのこと）』という本にまとめたオーストラリアのブロニー・ウェアさんによると、「やりたいことがやれなかったこと」「言いたいことが言えなかったこと」が人類共通の亡くなる間際の後悔だそうだ。彼女によると、死の間際に人間はしっかり人生を振り返り、彼らが語る後悔には同じものがとても多いという。

あの自己主張の激しい欧米人でも、「もっと言っておけばよかった」「やっておけばよかった」と思って亡くなるのだ。空気ばかり読んで、当たり障りなく控えめにしておくだけでは人生の最期に必ず後悔する。「人間最後は死ぬのだ。あの世に何も持って行けないのだ。そう思えば失うものはない」。こう言ったのは故スティーブ・ジョブズ氏。まったくその通りだと思う。

空気を読める優れたセンサーを持った日本人が、空気を読んだうえで、上手に主張し、行動をすれば世界一だ。空気を読まないでガンガン発言したり、行動したりする無神経な人より絶対受け入れられる。

世界で自分のモデルを見つけよう!

たった一度の人生を思いっ切り充実させて謳歌するには、世界ですごい奴にたくさん出会うことだ。世界にはすごい奴がいる。目線を高くして常に自分を向上させるためにも、自分の目標になるようなモデルやライバルを持つのがいい。そういう人を目標として追いかけ、ひたすら真似するだけで成長できる。

世界にはウォーレン・バフェットのように90歳に近付いてなお世界最高レベルの実

績を誇る現役投資家もいるし、ザッカーバーグのように20代のうちに時価総額8兆円クラス（当時）のビジネスを構築する人間もいる。そこまで有名でなくても、そこそこ素晴らしい人は世界中にいる。アメリカの名門大学や大学院に行けば、オリンピック出場レベルのアスリートでありながら、成績優秀で小さい頃は数学や科学のオリンピックに出ていたという連中も普通にいる。アフガニスタンやイラクでの実戦経験がある猛者もいる。世界の名だたる音楽コンクールを総なめした者や、社交ダンスの世界チャンピオンもいた。

大学の先生も、各国の大統領や閣僚経験者で博士号も持つ人物が、「政治学」や「国際関係論」を教えていたりする。

1億2000万人の中から自分の目標を見つけるのもいいが、世界にはその70倍の人口がいる。確率的にも、77億人の中には日本では見当たらないくらい有能で面白い人物がいる。

彼らがいかに物事に取り組み、どんな信念を持っていて、その情熱をいかに維持しているのか？

目の当たりにして感じてそれをそのまま真似るのも、成功への近道としていい。いわゆるミラーリング（鏡に映すように行動すること）である。

能力も魅力的だが、私が世界で見てきた偉人たちの素晴らしいところは気さくさだ。日本語ほど敬語や年功序列の表現が存在しない、英語という言語がそう思わせるのかもしれないが、「実るほど頭を垂れる稲穂かな」という人が世界には多い。世界で成功して実績を残すのは大変だから、色んな経験をしてライカビリティを身につけて、チャーミングになっているのだと思う。世界は広いし常に変化している。謙虚さと好奇心を失ったら正しい現状認識を持てなくなる。だからこそ成功者ほど謙虚で気さくなのだと思う。

ノーベル経済学賞を取ったポール・クルーグマンを大学の研究室に訪ねたときの話だ。彼の研究室を薄汚いジャージ姿で掃除しているひげもじゃの男がいる。てっきり掃除のおじさんと思って「クルーグマン教授の部屋はここですか？」と聞くと、そのひげもじゃの男が満面の笑みで握手を求めてくる。「じゃあこの部屋でいいんですね」と言うと、「私がクルーグマンです」と写真よりずっとひげが濃いこの人が言い張る。

懇談を終え、記念品を買いたいと告げると、「迷っちゃいけないからね」と大学の生協までわざわざ案内してくれた。案内してくれたあと、人混みに消えていった。

元アメリカ財務長官のローレンス・サマーズ氏は、現在ハーバード大学で経済学の授業をやっている。映画『ソーシャル・ネットワーク』でも、サマーズ氏がハーバード大総長だった頃が尊大な人物として描かれている。しかし、百聞は一見にしかず。授業では最後まで学生たちの素朴な質問を受け、映画で有名人になったので記念撮影まで学生が気のすむまで応じていた。その後懇談したが、映画のエピソードの実話との対比や、オバマ政権でのアドバイザーとして果たした役割について、本音で話してくれた。その日は雨。雨のなか傘も差さずに、ハーバードのキャンパスを歩いてとぼとぼ研究室に帰っていく。日本だったら2~3人の秘書が取り巻き、黒塗りの車が講義室を出たところに横づけされているだろう。

そして**成功者は本分である仕事や学問や研究だけでなく、幅広い趣味を持っている。**スポーツや芸術や音楽やワイン等、いかに人生を楽しく謳歌するかよく知っている。

仕事も趣味も家族付き合いも忙しくこなし、すべてを手を抜かず楽しみながら成果を出すスーパーな人たち。彼らの時間管理術を含めた生き様を目の当たりにして刺激を受けることは、非常に有意義だと思う。

日本の教育の被害者になるな！

先の見えない時代、学校の先生も会社の社長も誰も答えを用意してくれない。欧米に追いつけ追い越せの、〝先進国コピー時代〟なら答えは明白だったろう。これからは世界は群雄割拠となり、しかも世界はつながっていき、どこかで何かが起きた影響がどう自分に跳ね返ってくるかわからない時代だ。自分で情報を集めて自分の頭で分析する力が必要になってくる。「指示待ち人間」は全員、ＡＩにやられてしまう。なぜならＡＩこそが「世界最強の指示待ちマシン」だからだ。これからはＡＩに正しく指示を出せる人間こそが必要となり、生き残ることができる。

日本の教育は自分の意見を持たせない。つまり自分の頭で考えさせることをしない。自分で考えられる教師がいないから、それを教えることができない。文部科学省の学習指導要領に準拠した金太郎飴のような教育をやらないと、子供を進学させられない。

企業は大学教育を信用していない。だから大学の成績も諸外国の企業ほど気にしないし、新人を白紙の状態から研修で再教育することをやってきた。大学も企業のニーズに真摯に応えることを「専門学校でもあるまいし」と、自らがほどこすべき教育だとは思っていない。学生たちはこの相互不信の被害者である。

戦後の高度成長期はラッキーであった。新興国はまだ眠ったままで、超大国であったアメリカは、共産主義への砦として日本を守り育ててくれた。日本は当初、その低賃金を活かしてアメリカへの輸出だけを考えればよく、チームワークで一定品質のモノづくりをしていけばよかった。そしてしだいに豊かになり世界最大級の内需をも築いた。しかしもう、そんな時代はとっくに終わった。今の世界は競争相手にあふれている。しかも、日本の内需は人口減少と経済停滞でしぼむばかりだ。テクノロジーの進展で世界はつながった。そして日本の内需を狙えるような企業や人材も世界中にたくさん出てきた。

新しい市場を開拓し、新しい需要を創造するような、たくましさと行動力と革新性が日本人に求められている。今の日本の教育は今の時代を想定していない。逆に、ゆとり教育で「詰め込み」を緩めてしまい、人口減少から来る「大学全入時代」がそれに拍車をかけている。

世界の教育は、子供たちが若いうちに頭と身体にたくさん物事を詰め込んでいる。アメリカも一般の教育には問題はあるが、エリート養成の教育は世界に冠たる詰め込みで世界中の人材を引き寄せている。多様な人材に囲まれた環境で、文部科学省の指導要領などないので、各校が独自に考えて、カリキュラムを作っている。歴史・科学・哲学・宗教・心理学等を中高から詰め込まれ、多彩なスポーツで心身を鍛え、音楽や芸術活動も盛んにやってきた若者がたくさん生まれている。中国は一人っ子政策で甘やかされた世代となっているが、人口が多く競争が激しいので若者の意欲は高い。お隣韓国は、国内市場の中途半端な規模ゆえに、若者の多くが世界を舞台に生き抜くことを前提として教育されている。おまけに徴兵制が心身を鍛えている。シンガポールも詰め込み教育と徴兵制で若者を育成している。

世界の大学生は徹底的に勉強している。世界の企業は大学教育を信頼し、大学の成績を重視するので、学生は勉強せざるを得ない。ネイティブと遜色ないレベルの読み書き・聞き話す能力の英語を身につけている。また、今のグローバル人材市場では、最低でも修士を持っておくことは必要。世界で名の知れた大学院に行くためには、大学の成績がとても重要だ、日本の若者も優秀だが、下手をしたら受験時の18歳がピークで、あとは下り坂とも揶揄される。

自分の目で色んな世界を見て、何かを感じ、自分の頭で考える訓練をしておくべきだ。そのためにも世界を見ると同時に、たくさんの本を読み、自分に知識を詰め込みながら、自分と向き合い、自分の価値判断の基準を作っておくことだ。使える英語は当たり前だ。情報や知識がないと、自分の判断基準は生まれない。日本の教育を信用して自分で考える癖をつけないでいたら、自分を守れない。先の見えない世の中で、君を守ってくれていた人も力を失っていくだろうから。

今から日本の教育に文句を言っても何も変わらない。

被害者になってはいけない。自分で抜け出すのだ！

〝違い〟こそが美しい!

世界から見れば日本人がとても変わっているのだが、普通の日本人から見れば、世界は変わった人だらけ。信仰も慣習も環境も全然違う。国内の同質性が高く、他との「違い」に敏感な日本人にとっては、クラクラしてしまうほどの違いがある。日本人が日本人同士で気にしすぎている違いとか〝空気〟が、世界に出ればいかに些細なものか気がついたときに、日本人に、日本に大きな変化が起こるだろう。

空気を読むことや違いに敏感なことは悪いことではない。空気を読めることは結束感につながり、違いに敏感なことは均質性の高い製品を作ることに非常に貢献してきた。これらは今までの日本の発展に大きく役立ってきた資質だ。しかし、結束が行きすぎると、足の引っ張り合いが起こり、窮屈な雰囲気が自由な発想や行動を妨げてしまう。均質性の高いものを大量に作ることが成功につながるビジネスモデルの時代は終わりつつある。

大事なことは二つ。

まず、違いを気にしすぎない。

次に、違いに敏感なわれわれ日本人こそが、世界では変わっていることを認識する。

日本がここまで発展できたのは、世界に対して閉じていたからではない。先人たちが世界に出ていき、世界を見て、世界から学んだからこそ、日本の繁栄はある。

そろそろ日本の中に〝世界〟が切れてきたときではないか？

今の日本は、そろそろ世界に背を向けて生きていくのも限界だと思う。世界に出て色んな違いに接するたびに私は心の中でこう思う。「違いって素晴らしい。違いこそが美しい」。世界の富を作り出しているのは、値段の差であり、情報の差であり、アイデアの差である。

このまま日本にいるリスクが高すぎる

外国人の日本語力はケタ外れ!

ロサンゼルスやシンガポールを経て東京に帰ってくると、街を歩いている外国人の数の少なさに驚く。確かに六本木には多くいるし、近年はインバウンドが増えてはいるが、国際都市の中では全然少ない方だ。チャドルなど宗教服を着ている人も、ほとんど見かけない。日本は日本人だけの国なんだなと思ってしまう。

しかし、コンビニや居酒屋に行けばどうだろう。見事な日本語で難解な注文も精算も処理し、おつりやレシートを両手を添えて、深い角度のお辞儀で渡してくれる若い人たち。そのネームプレートをみると、外国人名のオンパレードだ。

日本人より日本人らしい外国人が、日本人の代わりに働き始めている。そしてこれから彼らの進出先は広がる。今急速に、日本中の企業が、コンビニや居酒屋と同じ雇用形態になりつつある。

この背景には人口減少・高齢化からくる深刻な人手不足がある。企業は同時に二つの対策を進めていく。自動化と外国人材活用だ。若い人たちはＡＩやロボットはもちろん外国人材とも競争していくことになろう。

そして多くの企業はそれらの人材を活用して、勃興する新興国市場の開拓に舵を切る。

少子高齢化が進み縮小する日本市場をしり目に、成長する新興国を中心とした世界へと、日本企業の海外展開は加速するだろう。国外では現地市場をよく知る人材の方が使えるし、オペレーションが海外中心となれば社内でも英語がもっと使われるようになる。英語を話し、現地を知る人材と日本人学生の就活市場での激突は増える一方だろう。

日本国内の仕事も、すでに外国人に奪われ始めている。

三菱商事やボストンコンサルティンググループ（ＢＣＧ）は、東京本社向けの人材を北京から直接採用し始めた。

中国やベトナムやタイでは、見事な日本語を操る現地人が大量にいる。特に、中国の外国語大学の日本語専攻の学生たちの日本語力は桁外れだ。私は以前、西安での日本語弁論大会の審査員を務めていた。西安外国語大学など、現地の日本語専攻の学生たちの日本語は、一度も日本の地を踏んでいないとは思えないくらい、発音も文法も完璧であった。夏目漱石や森鷗外、古くは古事記や源氏物語といった古典、これらを見事に引用して、スピーチを差別化していた。

彼らは日本語に堪能なだけではない。中国語は母語だし、ほとんどの学生が英語も流暢。ベトナムやタイの学生になると、母語と中国語と英語と日本語と、4か国語を話す。みんな22歳ぐらいの若者だ。**日本人だから優先的に日本企業に入れるという常識は、もう10年もしないうちに通用しなくなるだろう。**

世界で戦える人材になれ！

今まで日本の若者は、主に日本語で日本企業向けの日本市場にかかわる仕事をするというマーケットを奪い合ってきた。ここはほぼ外国人が参画できないマーケットだった。それは日本語の壁があるからだ。しかし、その暗黙の安心感が崩れようとしている。日本企業も今後は日本市場から世界、特に近隣の新興国をより目指していく。日本語ができ、新興国の言葉も、英語もできて、真面目で懸命に働く。こんな人材は喉から手が出るほど欲しいに決まっている。

とにかく海外の人材は、よく働くし優秀だ。

前述のボストンコンサルティンググループ（BCG）の話。BCG元日本代表の御立尚資（みたちたかし）氏は「北京から学生を3人新卒採用した。3人とも一度も日本に長期滞在したことはなく、話せる言葉も英語と北京語だけだったが、数か月で日本語をほぼマスターした」と話し、他の若い社員たちは、「北京から来た新人があんなに頑張っているのに、自分たちはこれではまずい！」と気合が入ったそうだ。危機感から、目の色を変えて働くようになったという。外国人の採用は、冬眠前の蛇の群れにマングースを放り込むような効果もあるのだろう。

これからは明確に自覚すべきだ。

君の代わりは、いくらでもいる。

君と同じくらい日本語が話せて、君より優秀で、君よりもよく働き、君より安く雇える若者が、海外からどんどん入ってきている。

なんとなく不景気だから、若者の仕事がなくなっていると思っていないか？

違う。雇用の構造そのものが変わっているのだ。外国人と日本の会社内での雇用を争う時代になったのだ。グローバル化は国外の話ではない。国内でも世界の人材との競争が始まっているのだ。もう日本語の壁が日本人の雇用を守ってくれないのだ。

われわれに勝るとも劣らないレベルの日本語を使いこなす外国人も多いし、企業の中の公用語として英語が重要性を増してくるということもある。日本企業も本格的にグローバル化するから、海外市場で即戦力となる人材をさらに求めるようになる。会社の中で時間とお金をかけて研修してくれる余裕は、日本企業にはどんどんなくなっている。

すでに世界で起こっていることが、遅まきながら、世界で最も閉鎖的だった日本という労働市場でも起こり始めただけだ。

この時代に対応するには、外国人の人材と戦える人材になるか？　それとも彼らにできない価値を作れる能力を高めていくか？

いずれにせよ日本国内にとどまっていては、そんなふうになれないことは確かだ！

実質消費税60％超えの時代が来る？

このままいけば日本の未来は厳しい。残念ながらそう言わざるを得ない。日本の誰もがうすうすわかっていることだと思う。

今の学生が社会の担い手になった頃、日本の財政は破綻する可能性がある。

しかし、財政破綻はこれから日本を襲う変化の第一章に過ぎない。日本はこれだけ人口構成が変わっているのに、社会保障制度を基本的に一度も変えていない。財政や人口の問題は、政治家がずっと前から正確に認識している。少子化も数十年前からわかっていた。しかし、時代に合わせて制度を変える勇気がなかったのだ。だから、破綻したあとは、なりふり構わず制度が変えられるだろう。税は上がり続け、社会保障は大幅にカットされる。

２０５０年の日本の話。国土交通省のデータによれば、この年までに日本の総人口は２０２０年から約20%減ると言われている。つまり２４００万人減少し、総人口が１億１９２万人となる。２００５年に８４００万人いた生産年齢人口が５２７５万人に減る。働ける人口が３０００万人以上減るのだ。

それだけ稼げる人口が減れば、日本中空き家&空きオフィスだらけとなる。稼げる働き手（15歳から64歳）をターゲットにした商品の売り上げは半分近く減る。

その一方、高齢者は２００５年から１２００万人も増えて、３８００万人となる。増える高齢者のための社会保障費をまかなうためには、経済学者の原田泰（ゆたか）氏の試算によると、**２０６０年には60%を超える消費税を現役世代が負担しなくては成り立たないという。**もちろん実際は正面切って消費税を上げるのではなく、今も起こっているようにこっそりと社会保険料を上げ続けていくだろう。

人口が減る過程で、１２００万人もの高齢者増加により貯蓄の取り崩しが起こるだろう。国債を買い支えている国民の貯蓄が枯渇し、実質消費税は社会保障にめいっぱいあてられる。国債の借り換えはどこかでできなくなる可能性が高い。影響がどこに出てくるか現段階で想定するのは難しいが、経済も個人の資産もただでは済まないだろう。

わずか数十年もしないうち、重い税負担と打撃を受けた経済の中、1・4人の稼ぎ手で、1人の高齢者の面倒を見なければならなくなる。お金だけでなく、人手の面で一体誰が働き、誰が介護をするのか？　養わないといけない人が多すぎて、人手的にも資金的にも回らなくなる。稼げる人口を標的にした増税は止まらないだろう。増税するほどに経済活力は削がれる。同時に社会保障の大幅カットも始まるだろう。救急車もアメリカのように有料となっているだろうし、年金の支給開始年齢も80歳近くになる可能性もある。

人口が減り続ける恐ろしさ

2110年の日本の人口は約4000万人とされる。われわれの孫の時代の人口は今の3分の1になっているのだ。

人口が減ることの功罪には議論がある。4000万人の人口なら明治維新の頃より少し多いくらいだ。2050年の1億人強でも欧州に行けば最大の大国である。

問題は人口構成だ。もともと人口が少ない国と急激に人口が少なくなる国では、問題が別だ。顕著に違うのは、全人口の中の高齢者が占める割合である。

高齢化率は20％台から約40％へと上昇する。明治維新の頃は人口は少ないが今より圧倒的に若い人が多かった。

一方、ヨーロッパを見てみよう。

ユーロが失敗だったなどと、欧州の挑戦に対して世界が手厳しく批判している。もちろん金融政策は統合するのに財政政策は統合しない等、制度的に無茶があった。経済格差を考慮せず、陣地を急速に広げすぎた感はある。しかし、欧州が統合市場を目指した背景には、人口問題もあったのだ。人口が増えている若い国も市場統合に積極的に取り込み、人の移動を自由にして、欧州の高齢化を止めようとしていたのだ。

欧州は半世紀も前から統合市場の準備を進めてきた。そのやり方に批判も受けながら、人口減少と高齢化にも備えて、欧州が一つの巨大な市場を目指してきたのだ。その試行錯誤が吉と出るか凶と出るかは、もう少し時間が経たないとわからないだろう。

私の見る限り、ヨーロッパ経済の未来は、そう悪くはないのではないかと思う。ギリシャやスペインの経済危機に対しても、迅速な対応がなされたように、ヨーロッパの人々は永く戦争を続けてきただけあって、危機管理能力にはとても長けている。有効な政策や対外交渉をうちだして、景気も上向いてくるだろう。

翻って、日本だ。少子高齢化は十分に予測できたのに何もしてこなかった。2019年に外国人労働者の受け入れ拡大をようやくスタートさせたものの、十分ではない。税金ばかり上がって、どんどん経済的活力も失われる。今の日本のままなら、未来が見えない中、心の病も増えるに違いない。

バブル経済以降、ゆっくりと沈んできた日本だが、これからの沈み方は速度が速まる。**震災対応では日本人の忍耐力と結束力が世界中から評価されたが、これからは忍耐や結束だけでは乗り切れない時代となる。**

いくら我慢しても結束しても、この人口構成では状況は悪くなるばかりだ。逆に、消費も投資も雇用も、皆が結束して我慢していれば、縮みゆくだけだ。

停滞を始めた欧米経済より先に20年も停滞していた日本経済は、世界の経済・財政問題のさきがけの国と言われてきた。しかし、日本の停滞と世界の停滞は質が違う。日本の停滞は人口問題からこれからも続く。

アメリカは移民のおかげで人口は増加し、国連推計によると、２１００年に3億9４００万人まで増加するとみられる。欧州も高齢化が進むが、英仏でも２０５０年の高齢化率は20％台後半。欧州連合は、昨今の移民問題を乗り切れば、世界的な影響力は低下するが、一人当たりのＧＤＰをアメリカほど格差を拡大させずに伸ばしているので、アジアやアフリカの活力を取り入れ、さらに大きな市場となれるかもしれない。

このままいけば今世紀末まで日本の人口は急速に減り続け、高齢者は増え続ける。明治維新の頃の日本の人口は３５００万人だった。人口が将来それぐらいに減っても、元に戻るだけだからいいのでは？という意見もある。

だが、江戸末期の平均寿命は35歳くらいと推計される。つまり高齢者の割合は少なく、国全体に若さと未来があった。１００年後の日本の人口は明治維新のときより多い４０００万人だが、約4割が高齢者だ。

どちらの4000万人がより活力にあふれているだろうか？　言うまでもない。

死ぬまで自分で稼ぐ時代の到来

日本も世界も、これから非常に厳しい時代を迎える。その中でも日本は今までの快適さも徐々に失われていき、息苦しい場所になっていく可能性が高い。若くエネルギーにあふれる時代をどこで過ごすことが、自分の幸せや成長につながるのか？　自分に問い直してほしい。

君たちの将来を、国家は守ってくれない。守る力を失っているというのが正しいかもしれない。

先進国の国家財政と人口構造は、国家の社会保障を破綻へ向かって突進させているだけだ。保身に走る官僚と落選を恐れる政治家は「社会保障安心安全論」を説くが、あまりに根拠に乏しい。正直なところ私も政治家として改善しようと尽くしたが、力が及ばず、今でも苦い思いは残っている。

無国籍化していく日本の企業には、終身雇用など存在しなくなる。採用した人間を社会保障がバトンタッチできるまで面倒を見続けていく企業など、どこにもない。そんな約束を数十年にわたって新入社員と交わせる企業もない。

現在の大企業の寿命は、昔に比べてとても短い。進化するＩＴ機器の前に、多くの巨大企業は先が見えなくなっている。破綻したリーマン・ブラザーズも、今では信じられないが、金融イノベーションの世界的エースだったのだ。

グローバル化にテクノロジーの進化が加わる激変の続く時代に、会社がずっと面倒を見てくれるだろうという甘い考えでいては危ない。

先ほど述べたように日本の財政は、消費税を60％にしてもやっていけるかどうかわからなくなる。社会保障が、われわれを守る力を失いつつある。就職に成功しても、企業に放り出される可能性は高い。そうなると寿命がくるまで数十年の間、自分で食っていくしかない。

自営業以外でも「死ぬまで現役でないと食えない」時代が、やってくる。

自分で生涯稼いでいくには、心身ともに健康でいよう。そして世界を知ろう。身体と心を鍛え、世界に出ていくのだ。

世界に出ていき、世界の変化とテクノロジーの変化を見極めるのだ。

海の外は、何もかも移り変わりが早い。上海などの成長中の大都市は、3か月も離れたらここは本当に上海だったか？と疑うほど、風景が急速に変わっている。出来事の影響の到達スピードが、桁違いに上がっているのだ。世界の変化を早く知った者が勝つのだ。世界の変化は起こる場所も事象も様々で、いつでもわかるわけではない。その嗅覚と経験値は、日本にいては磨かれない。

あなたはテクノロジーに取って代わられる

2012年2月、トルコのイスタンブールで開催された国際会議「TEDxReset」で披露されたトーマス・フレイ氏のスピーチは、世界に衝撃を与えた。その内容は、「技術革新によって2030年までに現在存在している仕事の50％が消えてしまう」というものだった。

代表的なものは「自動車産業」だ。

フレイ氏によると、自家用車の稼働率は10％しかないという。運転は、時間、エネルギー、お金の無駄だと言い切る。また毎年500万人が交通事故で死傷している。それらの無駄や損失を解決するための技術として、自動運転車が普及するというのだ。

つまり運転手という職業の需要は消滅する。トラック、タクシー、リムジン、バスなどの自動車ドライバー。ガソリンスタンド、駐車場、交通警察、交通裁判所。交通事故によるケガ人に対処していた医師、看護師。ピザを代表とした宅配員。郵便局の郵便物配達員。宅配業者の宅配員（フェデックス、ヤマト、佐川などの宅配員）。これらの仕事が消える。「車の免許があるし、いざとなればドライバーかタクシー運転手にでもなろう」という選択肢は、近い将来なくなるかもしれないのだ。

また教育面では、サルマン・カーンの語る「ビデオによる教育の再発明」のように、インターネット上にある教材で勉強できるようになる。

このインターネットのシステムが普及すれば、画一的な学校の授業は不要となる。体系化された学習システムを教師ではなくコンピューターから学び、専門的で複雑な問題だけを専門の教師から学ぶようになる。しかもわざわざ高い授業料を払って学校に行かなくても同じ内容を低価格で学ぶことができ、自分には必要のないくだらない授業を聞かなくてもよくなる。その結果、教師、トレーナー、教授という職業は激減するかもしれない。

自分の役割を見つけるために外へ出よ

これまでの話は暗く聞こえるかもしれないが、あらゆる変化に際してチャンスが生まれる。常にピンチはチャンスなのだ。日本人に今、最も必要なのは逆張りの発想だ。新しい技術が台頭して古い仕事はなくなるが、逆に新しい仕事が生まれるということだ。新しい技術の周辺を狙うといい。新しい技術も完璧ではなく、デジタル技術やロボット技術にはまだまだアナログなサポートが必要だ。

自動運転車が普及するなら、自動運転ソフトの開発者、新型車両や安全システムの設計者や製造者、交通監視役、自動化された交通システムのデザイナー、建築家、エンジニア、事故が発生したときの緊急トラブル解決スタッフといった仕事が必要とされる。

ネット授業で教師がいらなくなったからといっても、全部が自習になるわけではない。学習コーチ、ネット授業で、教育費や時間が浮く分、学習コースデザイナーという需要が生まれる。スポーツや音楽のコーチの需要はむしろ増えるかもしれない。

3Dプリンターによって製造業が消えたら、プリンターの設計、エンジニアリング、製造、修理工、工業デザイナー、スタイリスト、プリンターのインク（原材料）販売者などの仕事が、増えるだろう。

生き抜くための発想は、常に変えてゆかねばならない。

今後はテクノロジーに取って代わられる単純労働しかできない人間の価値は、ゼロに近くなる。

ならば私たちは、テクノロジーに負けない価値を生み続けるしかないのだ。

技術革新は、人の可能性を奪うものではない。世界を素晴らしい方向に導くものだ。TED等で見られるITやバイオ、代替エネルギーの技術は魅力的だ。それらは今まで多くの人間がかかってもできなかったことを、低コストでいとも簡単に実現してしまう。

人の暮らしがより豊かになるならば、そこに即応した仕事もあるはずだ。豊かになった富や時間を、あらたに何に対して使うのか？　その需要創造こそを考えていくべきだ。

革新される技術はどんどん人間の労力を必要としなくなる。

だからといって、あきらめて無気力でいてはいけない。

技術の進化とともに、人も進化しなくてはいけない。

これから人のやるべき仕事は、「人ならではの判断力」や「技術の中にあえて人を使う発想」など、テクノロジーの領域では効率化できない、思考を問われる分野だ。

また、技術が広がる速度も一定ではないだろう。技術が広がる速度の差を活かして、その差で仕事をすることもできる。技術のある地域やある産業に対して変化しながら伝わっていく可能性もある。そういう地域や産業の特性を活かして、自分の役割を見つけていくのもいい。

そのような切り口で新しい仕事や可能性や場を広げるためにも、国内にとどまらず知見を広めることが急務だ。英語を身につけて世界を見ることだ。

テクノロジーがどのように人から仕事を奪ってゆくか。反対に、どういう人材が仕事を創出して、経済的にも社会的にも成功してゆくのか。日本には様々な規制があり、変化はゆっくりとしか起こらない。しかし、最後は尻に火がついてなし崩し的に変化が起こる。そのときになって気づいたのでは遅い。君たちは、そのようなリアルな変遷を直視すべきだ。技術が生まれ、それを規制することなく社会に活かしているアメリカや新興国を見てくることは、自分のチャンスを探る意味で意義が大きいと思う。

最大のリスクはリスクを取らないこと！

場所は先進国ばかりではない。リバース（逆）・イノベーションという言葉がある。先進国で起こったイノベーションが新興国に伝えられるのが今までの常識であった。今や、新興国で起こったイノベーションが先進国に伝わってくる時代だ。この新興国発のイノベーションのことを、逆イノベーションと呼ぶ。

逆イノベーションが盛んなのはインド。電話線が引かれていないため、携帯電話や無線インターネットが逆に先進国より盛んになった。同様に、送電線が引かれていないため、太陽光や風力発電が僻地で設置された。これらが何億人もの人々の生活に密着していると、新しい使われ方や効率的な技術の向上が生まれていく。医療機械や医療技術についても、先進国では珍しい多様な風土病等があるので、それらを治療しているうちにイノベーションが生まれるようだ。

変わってゆく世界を今知るのと、知らないまま歳を取って消費税60％時代を迎えるのとでは、人生はまったく違うものになっているはずだ。

「就活」を理由に留学や海外渡航をあきらめる若者も多い。でも考えてみてほしい。君はあと何年生きるのか？

いったん就職すれば死ぬまで働かないといけないのだ。目先の1年や2年なんて20年、30年の単位で考えると誤差の範囲だ。だいいち、世界が激変している今、相も変わらず同じような就活をやらせている企業になんか入ってやるな！

そんな人事しかできない企業が、君らの人生を保証してくれるはずもない。

人気企業ランキングに頼るのは、頑張ってアンテナを張り巡らせていない大学生の持っている情報の限界であり、自分と向き合って将来の長期計画を立てていない証拠だ。

君らはこれから長い人生、グローバルな変化の真っ只中で、死ぬまで自分で社会に貢献できる価値を作って稼いで生きていかなくてはならない。

そしてたった一度の貴重な人生を謳歌すべきなのだ。

そうはいっても、海外に出るのは大きな決断だ。前のめりになっている君も、まだ一歩を踏み出せないかもしれない。しかし、思い立ったが吉日なのだ。私は慎重に準備しすぎて、そのうち結婚したり、親が病気になったり、子供が生まれたりして、そのまま身動きがとれなくなった人をたくさん知っている。よく考えるのはいいことだ。しかし、決めなくてはいけない。決めたことが正解かどうかなんて、クイズではないのでわからない。決めたら、自分の意志と情熱で正解にするしかないのだ。

選択は意志だ。選んでからが勝負である。選んで実行するからには、自分が成功させてやると思うのだ。そう強く思えれば、必ずその選択は好結果を生む。

第2章

世界に飛び出したスゴい日本人たち

この第2章では、すでに日本を出て色々な分野で活躍している日本人を紹介しよう。皆さん私が出会った人たちだ。彼らの体験談はネットに出ているような伝え聞きのものではない。多様な経験を吸収している、海外生活の実践者たちのリアルな言葉だ。目指す国も、職業も、経歴も人それぞれだが、語る話は皆一様に刺激に満ちている。第1章で「違いこそ美しい」「世界にあるのは〝非常識〟だけ」と言ったが、まさにこれらの方々の答えは「長さ」も「内容」も千差万別。「非常識」を語ってくれている。彼らの違いが面白い！

彼らの言葉には何の編集も加えていない。生の声を楽しんでほしい！

外へ出ることの高揚感だけでなく、恐れず飛び出し、世界に身をさらすことで、いかに人として豊かに成長できるか、感じ取ってほしい。彼らが海外に出る前の準備についても、それを語ってくれている人と語らない人とがいるが、文脈から感じてほしい。

起業家に出会えるチャンスが視野を広げていく

本間毅さんのケース

本間毅（ほんまたけし）さんは中央大学在学中に起業し、１９９７年にＷｅｂ制作・開発を手がける「イエルネット」設立。ピーアイエム株式会社（後にヤフージャパンに売却）の設立にも関わる。２００３年にソニー株式会社に入社し、ネット系事業戦略部門、リテール系新規事業開発等を経て、08年5月よりアメリカ西海岸に赴任。電子書籍事業の事業戦略に従事し、12年2月には楽天株式会社の執行役員に就任。デジタルコンテンツのグローバル事業戦略を担当した。退任後、16年5月にシリコンバレーにてHOMMA, Inc. を創業。現在は米国・カリフォルニア州サウス・サンノゼに在住している。

彼の体験談を紹介していこう。

Q　海外に出られた一番大きなきっかけは何ですか？

学生時代にインターネット黎明(れいめい)期のシリコンバレーを訪問したことが最初のきっかけになりました。それから10年以上経って、ソニーの赴任者として自ら手を挙げてカリフォルニアへやってきたのが最初です。

Q　今の場所でお仕事をされて、日本人でよかった、日本の社会を体験したからこそよかった、と思われる点はありますか？

自由に働き休暇をたくさん取るイメージのあるアメリカですが、企業のトップは猛烈に働きます。勤勉で仕事に没頭する日本の企業文化に慣れていてよかったと思いました。

また仕事に対する姿勢、特にスケジュールや時間に対する考え方や仕事のクオリティに対するこだわりなどは、日本で学んだことが大きかったです。

Q　これから日本から出て世界を見たい人々に、今の場所のオススメ度・オススメのポイントは？

私のいるシリコンバレーでは起業家が常に新しい世界を作ろうとチャレンジしています。日常生活の中で最新のイノベーションに触れる機会が多いことや、チャレンジする起業家にすぐに出会えることで世の中に対する見方が変わると思います。

Q　逆に、海外でお仕事をされるうえで、日本人であること、日本の教育や社会を経ていることで足かせになっているようなことはありますか？

人と同じであることを良しとする日本の教育や社会で育った影響を感じることがあります。人と違うことは個性であり強みであり、人と同じでなくてよいことを時折自分に言い聞かせています。

Q　海外から日本を見て、日本のポテンシャル／限界をどう評価しますか？

人口が減少し市場が縮小する中でもなお、国内市場で日本人同士が競争するという構造に限界があります。海外から人を受け入れて市場の成長や多様性を促しつつ、海外に出ていき活躍する外貨を稼げる日本人を増やさない限り、日本の将来の成長は期待できないと思っています。

Q　これから短期でも海外に出ていくとしたら、どの国のどこを見ることをオススメされますか？

自らのコンフォートゾーンを飛び出して、人と自分との違いを受け入れ、自分で設定した自分の限界を取っ払うことができるのであれば、どこの国でもいいと思いますが、あえて言えば、成長著しく勢いがある国や地域を目指すべきだと思います。シリコンバレーやニューヨーク、フロリダ、東南アジアの大都市などでしょうか。

Q　今もし20代、30代の日本の若者に戻れるとしたら、どんな仕事を、どこ（国内・海外・宇宙でも）でやりますか？

とにかく起業をします。社会の問題を解決し多くの人の役に立つ分野を選んで、ムーンショット（困難だが壮大な挑戦）を狙います。場所は自分が住みたいところ、好きなところならどこでも。

Q　海外を目指す（留学・就職・移住）若者に具体的なアドバイスをお願いします。

歳を重ねると失敗できない条件が揃ってくるので、チャレンジは早ければ早いほどいいです。行き先ややりたいことが決まっていないのなら、縁や偶然に身を任せるのも一つの方法だと思いますし、決まっているならまずはその地に行ってみることです。

大切なのは人に遠慮せず臆せずものを言うこと、人に対して寛容で親切であること、もらうことよりも与えることを先に考え、常に楽観的で前向きでいることです。

行き先の国によってビザや社会制度が違うので、恐らくは誰かを頼ることになると思いますが、今述べた人としてのあり方が必ず役に立つと思います。

Q　これからも日本にいて頑張るという人へアドバイス、あるいは警告は？

もし海外に出たいけどどうしていいかわからない、怖いという理由で日本に留まるなら、早く海外を目指したほうがいいと思います。日本に留まると一見安全なように思えますが、数十年単位で見ると日本は今とまるで違う国になると思うので、そのときに備えるためにも海外を経験したり、多様性のある価値観を持ったりすることがサバイバルには必要になってきます。

日本にいて頑張るからこそ、人と違う力や価値観を持つことが日本のためになります。

Point!

・スケジュール感覚や仕事のクオリティは日本人の強み
・チャレンジする起業家に触れる機会が多い
・シリコンバレーやニューヨーク、フロリダ、東南アジアの大都市がオススメ
・チャレンジは早ければ早いほどいい
・日本で生きるにも多様な価値観が大切

日本のソフトパワーを活かしやりたいことを全力で

吉田直人さんのケース

吉田直人（よしだなおひと）さんは、雑誌編集業から28歳でゲーム・アニメの会社グラムスを立ち上げる。デジタルアニメの黎明期にいち早く参入するも、32歳で癌を発症。34歳で会社倒産、自身も自己破産するが、再起し人材事業、コンテンツ事業、メディア・アドテク事業で計3社の上場企業を設立する。

現在は東証マザーズ上場の株式会社イオレ取締役会長を兼務。ブロックチェーンの発達でエンターテインメント業界が激変すると確信し、20年ぶりにエンタメ事業へ復帰した。

Q　海外に出られた一番大きなきっかけは何ですか？

Ｗｅｂ３事業を起業するには法律、会計、税務に関して日本ではルールが曖昧だったため海外での会社設立を選択しました。

Q　今の場所でお仕事をされて、日本人でよかった、日本の社会を体験したからこそよかった、と思われる点はありますか？

私が大好きな漫画、アニメ、ゲームなど日本のソフトパワーの力をいつも感じています。

Q　これから日本から出て世界を見たい人々に、今の場所のオススメ度・オススメのポイントは？

シンガポールは非常に進出しやすいと思います。日本との時差も１時間ですし大きな日本人コミュニティーもあります。

Q　逆に、海外でお仕事をされるうえで、日本人であること、日本の教育や社会を経ていることで足かせになっているようなことはありますか？

やはり言語でしょうか。

学校の勉強で外国語を話す力を強化しなければならないと感じています。

Q　海外から日本を見て、日本のポテンシャル／限界をどう評価しますか？

漫画、アニメ、ゲーム、食材、料理などは非常に評価されていると思います。これからインバウンド産業が大きく盛り上がるでしょう。

Q　これから短期でも海外に出ていくとしたら、どの国のどこを見ることをオススメされますか？

シンガポールやアメリカで食事をすると値段の高さに驚きます。日本の物価がいかに安いのかを体感していただければ面白いと思います。

Q　今もし20代、30代の日本の若者に戻れるとしたら、どんな仕事を、どこ（国内・海外・宇宙でも）でやりますか？

アメリカに留学して語学を学びアメリカにて起業してみたいです。

Q　海外を目指す（留学・就職・移住）若者に具体的なアドバイスをお願いします。

新しい挑戦、新しい環境を楽しんでいただけたらと思います。

Q　これからも日本にいて頑張るという人へアドバイス、あるいは警告は？

日本でも海外でも同じだと思いますが、日々やれることを全力で頑張るのが重要ではないでしょうか。

Ｐｏｉｎｔ！

・シンガポールには日本人コミュニティーもある

・日本の学校で外国語の勉強を強化する必要性

・海外で新しい挑戦や環境を楽しむ
・あえて場所にとらわれず、日々のタスクに全力を出す

日本人で固まらず世界を広げて好機を掴め！

岩瀬大輔さんのケース

岩瀬大輔（いわせだいすけ）さんは、２００６年副社長としてライフネット生命保険株式会社を共同創業。２０１３年に社長、18年に会長を経て19年に退任する。18年から20年まで、香港の生命保険会社ＡＩＡグループのグループ最高デジタル責任者（ＣＤＯ）を務めた。

その後は、香港を拠点に、ＮＦＴを通じてアーティストとファンを結ぶグローバルなプラットフォーム「Kollektion」（コレクション）を提供するKLKTN Limitedを設立。さらに、世界有数のＷｅｂ3企業であるAnimoca Brandsの日本における戦略的子会社、Animoca Brands 株式会社の代表取締役社長に就任した。また、国内ベンチャーキャピタルのスパイラル・キャピタル（東京・港区）にもマネージングパートナーとして参画する。

Q　海外に出られた一番大きなきっかけは何ですか？

父の仕事の都合で幼少期を英国で過ごしたこと。

Q　今の場所でお仕事をされて、日本人でよかった、日本の社会を体験したからこそよかった、と思われる点はありますか？

日本文化、日本人に対するリスペクトを感じる機会は多いです。

Q　これから日本から出て世界を見たい人々に、今の場所のオススメ度・オススメのポイントは？

香港：アジアの金融センターであり、インターナショナルである点

バンクーバー：「壊れていないアメリカ」

Q　逆に、海外でお仕事をされるうえで、日本人であること、日本の教育や社会を経ているることで足かせになっているようなことはありますか？

特にありません。

Q　海外から日本を見て、日本のポテンシャル／限界をどう評価しますか？

人口は構造的に減少していく、内向きで閉じたビジネス慣習。長期ではあまりポテンシャルを感じません。プライベートの旅行先としては大人気だと思いますが。

Q　これから短期でも海外に出ていくとしたら、どの国のどこを見ることをオススメされますか？

アメリカだったらニューヨーク、ヨーロッパだったらロンドン、アジアだったら東南アジアを格安旅行。

Q　今もし20代、30代の日本の若者に戻れるとしたら、どんな仕事を、どこ（国内・

海外・宇宙でも）でやりますか？

いち早くアメリカの大手テクノロジー企業で仕事をしてみたいと思います。

Q　海外を目指す（留学・就職・移住）若者に具体的なアドバイスをお願いします。

どこに行っても日本人で固まって過ごすのではなく、現地の友人たちをたくさん作るよう努力してください。

Q　これからも日本にいて頑張るという人へアドバイス、あるいは警告は？

それも一つの選択なので良いと思いますが、海外には何百倍ものオポチュニティ（好機）が待っていることを忘れないでください。

Point!

・長期的に見ると日本はポテンシャルを感じない

・まずはニューヨーク、ロンドン、東南アジアを旅してみよう

・海外では現地の友人を作る
・海外の方が、圧倒的にチャンスがある

日本のプレゼンスを上げ伝統文化を守っていく

三木アリッサさんのケース

アメリカで生まれ、日本とアメリカを行き来しながら育った三木（みき）アリッサさんは、早稲田大学法学部在籍中にプリザーブドフラワー専門ブランド「Dear Bouquet」の立ち上げに参画した。大学卒業後は、ネスレ日本にて女性初の学卒マーケターとして採用されＣＲＭ（顧客関係管理）を担当。ベンチャー企業数社を経たのち、イスラエル専門商社で新規事業開発マネージャーとして主にヘルステック、エドテック製品を担当。２０１９年11月、キム・カーダシアンが手がけるフレグランスブランドとコラボレーションした和菓子ブランド「MISAKY.TOKYO」を立ち上げた。

Q　海外に出られた一番大きなきっかけは何ですか？
アーティストの母と、帰国子女としての経験から、幼少期より日本の伝統文化に興味がありました。社会人で伝統工芸系百貨店に就職し職人さんと直接話す中で、少子高齢化する日本ではマーケットが確保できず未来がないことを痛感。グローバルに出て外貨を稼ぐ重要性を目の当たりにしたものの、日本人が誰も世界で稼いでいないことも知り、とてもショックでした。そこで、誰もいないなら自分がなろう……そう思い日本を出ました。

Q　今の場所でお仕事をされて、日本人でよかった、日本の社会を体験したからこそよかった、と思われる点はありますか？
日本の文化にリスペクトがあり、みんなが目を輝かせて話を聞いてくれます。特に平等の精神性はこのダイバーシティが求められる流れにあり、重宝されます。

Q　これから日本から出て世界を見たい人々に、今の場所のオススメ度・オススメのポイントは？

食品業界：日本の高いクオリティの食品は、アメリカでは簡単に競合優位性を作ることができます。また昨今のビーガン、サスティナブルの文脈においても益々注目度が高くなっています。

Q　逆に、海外でお仕事をされるうえで、日本人であること、日本の教育や社会を経ていることで足かせになっているようなことはありますか？

海外にいる日本人同士がいがみ合っていることが多々あり、とても残念でした。ただでさえ日本人は海外ではマイノリティです。マイノリティの中で喧嘩しても意味がなく、みんなで支えあっていけたらいいのに……と思います。

Q　海外から日本を見て、日本のポテンシャル／限界をどう評価しますか？

日本の伝統文化は、サスティナブルや健康の観点から強いマーケットチャンスがあります。しかし商売下手や奥ゆかしいことから、日本人以外のアジア人に利用されていることが多発しています。どうか自分の文化を自分で守る、そういう意識を持って戦って欲しいと思います。

Q　これから短期でも海外に出ていくとしたら、どの国のどこを見ることをオススメされますか？

イスラエル。イスラエルは四国ほどしか国土はなく、人口も東京都と同じくらいで、GDPも27位と小さな国です。しかし日本の1・3倍資金調達をしています。成功の鍵はグローバルローカライゼーション。ここに日本人はたくさん学べることがあると思います（少なくとも私はイスラエルのお陰で、今があります）。

Q　今もし20代、30代の日本の若者に戻れるとしたら、どんな仕事を、どこ（国内・海外・宇宙でも）でやりますか？

海外の高校、大学に進学します。私は早稲田出身ですがグローバルでは何も評価されませんし、日本人以外の友達が作りづらいのに苦労しています。大学に通えば、クラスメイトと仲良くなり、新しい人脈を手に入れられます。人生で唯一後悔してるのが、学歴です。

Q　海外を目指す（留学・就職・移住）若者に具体的なアドバイスをお願いします。

海外移住は、ビザやお金などハードルがいくつもあります。しかし私の周りでも皆諦めずにしがみついて残っている人がたくさんいるのです。絶対にやれると信じて進み続けてください。

Q　これからも日本にいて頑張るという人へアドバイス、あるいは警告は？

日本はとても安全で平和な国です。一方で、特に若者に残酷なことに少子高齢化のツケを払わせる……と政策の失敗を押し付ける国でもあります。自分のお金、エネルギーをどこに使いたいのか、今一度冷静に考えてみてもいいのでは……？　とも思っています。私はアメリカで日本のプレゼンスを上げることで、母国に貢献してゆきたいです。

Point!

・平等の精神性が海外で重宝される
・日本の食品は簡単に競合優位性を作れる
・奥ゆかしさは時にデメリットとなる
・海外の学校で新しい人脈を手に入れる
・国の政策の失敗を押し付けられるのはもったいない!

日本人であること、自分であること「個」を武器に戦う

山下春幸さんのケース

料理の世界にも、世界で活躍する日本人がいる。山下春幸（やましたはるゆき）さんは、「HAL YAMASHITA」オーナー兼エグゼクティブシェフ。２０１０年シンガポール、12年アラブ首長国連邦にて2大会連続してワールド・グルメ・サミット（ＷＧＳ）に日本代表として出場し、15年には海外店舗「Syun」をシンガポールカジノに出店した。現在は、国内外で6店舗を展開しており、国内外への和食の輸出入に関する政府関係のアドバイザー、全国各地での指導・講演などを行っている。コロナ禍に飲食業界を救うため、一般社団法人日本飲食未来の会、一般社団法人日本飲食団体連合会（食団連）を設立した。

Q　海外に出られた一番大きなきっかけは何ですか？
幼少期から映画で観ていた、海外（特に米国）の華やかに見える世界に興味を抱いており、和食・日本酒を世界に本気で知ってもらいたいとの思いを抱いておりました。

２０１０年のシンガポールＷＧＳ（ワールド・グルメ・サミット）のタイトルが私の人生の転機であります。

Q　今の場所でお仕事をされて、日本人でよかった、日本の社会を体験したからこそよかった、と思われる点はありますか？
日本人が本来持つ「気質」や「性格」を、ほぼ単一民族の日本国内、日本人の中で学べたことは、海外で仕事をするうえでとても貴重なベース（基礎知識）を得たと思っております。

Q　これから日本から出て世界を見たい人々に、今の場所のオススメ度・オススメのポイントは？

私は特にシンガポール・米国・オーストラリアが自分の好みに合いよく訪れていておすすめします。それぞれの国がそれぞれの得意性と個性を生かして多くの活動を見出しています。

日本との違い、物事の対比や考え方の違いなどが心で感じられる所ではないかと思います。観光ガイドブックをおすすめしても仕方ないでしょうから（笑）。

Q 逆に、海外でお仕事をされるうえで、日本人であること、日本の教育や社会を経ていることで足かせになっているようなことはありますか？

正直なところあります。ですがその考え方も自分で変えればいいのですから。

客観的に見て個性・多様性など多くの発想や見方の異なりを「意見」として聞き、「個」としての考え方がしっかりしている点を日本の教育の中に取り入れて欲しいと願います。

料理人の世界ではまさに、「個」「文化」「技術」の多くを個人に特定されたものとして尊重されますから。

Q　海外から日本を見て、日本のポテンシャル／限界をどう評価しますか？

大きく国が変わらねば世界に対するポテンシャルは上がらないでしょうね。国民としては「勤勉」で「真面目」、この特異性のみで維持できている感じです。SGDsやWeb3.0など多分野において既についていけないのが、残念ながらそのままの今の日本の評価の縮図ではないでしょうか？

Q　これから短期でも海外に出ていくとしたら、どの国のどこを見ることをオススメされますか？

私は米国のスケール感、世界をまとめているというその感じが好きですね（実際は異なりますが）。

シンガポール政府の賢く小さな国の運営、フランスの自国中心型の思考とプライドなどが訪れて学ぶべきことだと感じます。

そういう目線で物事を見るとそれはそれで学べることが多々あります。

Q　今もし20代、30代の日本の若者に戻れるとしたら、どんな仕事を、どこ（国内・海外・宇宙でも）でやりますか？

日本人であることの、私であることのアイデンティティをもっと早くに認識して、世界中で自己の「夢」を大きく展開したいです。

場所はどこでも、頂いたチャンスを最大限に活かします。

Q　海外を目指す（留学・就職・移住）若者に具体的なアドバイスをお願いします。

世界は広い。多くの人々が多くの考え方を持ち、それぞれで生き抜いている。

いい意味での「人生は一度きり」。自らを大切に、常に前に、前進する心を持ち、その場、その場で「時」と「出会い」を大切にしてください。

Q　これからも日本にいて頑張るという人へアドバイス、あるいは警告は？

ご自身の選択や環境で日本を選ぶことは素晴らしいと思います。それは決して卑下することではないですが、**感覚や情報は常に海外を見て日本との違いを感じていて欲しい**。日本は素晴らしい国です。私も海外に出て「日本の良さ」をさらに感じました。場所はどこでも学ぶことはできます。

常にご自身の「意識」を無くさないで欲しいと思います。

Point!

・日本人としての基礎が海外で仕事をするうえで役立つ
・「意見」を受け入れ「個」を大切にする
・シンガポール・米国・オーストラリアがオススメ
・前進する心と、時と出会いを大切に
・海外を見て「日本の良さ」を改めて感じる

閉じた世界で終わらないために体当たりする気持ちで

石坂信也さんのケース

成蹊大学卒、ハーバード大学ＭＢＡを取得している石坂信也さんは、三菱商事に10年間在職した後に独立し、２０００年5月（株）ゴルフダイジェスト・オンラインを設立、代表取締役社長に就任した。ゴルフビジネスにＩＴを持ち込み、ゴルフ総合サービス企業として積極的に事業展開。04年東証マザーズを経て、15年9月東証一部上場を果たす。

Ｑ　海外に出られた一番大きなきっかけは何ですか？

仕事への挑戦と子供たちの教育を考え視野を広げたいと思って。

Q　今の場所でお仕事をされて、日本人でよかった、日本の社会を体験したからこそよかった、と思われる点はありますか？

日本型経営または日本型社会通念として雇用を守るという根本的な考えが、時にはアメリカ型と対立する場合もありますが、特にこのコロナ禍の初期のころは大いに役に立ったと感じている。

Q　これから日本から出て世界を見たい人々に、今の場所のオススメ度・オススメのポイントは？

西海岸のサンディエゴは最高の環境。日本との適度な時差や直行便があり、またロサンゼルスへのアクセスのよさから多くのフライトの選択肢がある。さらには地域全体があまり大都市ではなくちょうどいいサイズで、様々な利便性を感じる。歴史的にみても、多くの日本企業はここサンディエゴからアメリカ進出を図ったという実績もある。

Q　逆に、海外でお仕事をされるうえで、日本人であること、日本の教育や社会を経ていることで足かせになっているようなことはありますか？

メンタルな面が大きいと思うが、日本では教育上も社会的にも比較的周囲に配慮し過ぎたり遠慮したりする傾向があり、アメリカ社会においてマイナスになる時があると感じる。

Q　海外から日本を見て、日本のポテンシャル／限界をどう評価しますか？

何度も語られているが、ポテンシャルは日本人の海外各国に比べ突出した真面目さ、勤勉さを持ち、また物事に対して正確で緻密であり、世界中のいいものを柔軟に取り入れることで、それらの**物事を極める探求心があります。これらの気質は世界的にみても稀であり貴重**であると感じる。

一方で足りないのはもっと多くの日本人が世界を見ること、そのために英語というコミュニケーション手段を有効活用すること、社交性を高めて世界の人々と交流すること。これらをもっともっと積極的にやらないと日本自体が限界を迎えるのではないかと危惧する。

Q　これから短期でも海外に出ていくとしたら、どの国のどこを見ることをオススメされますか？

どの国でも行くことに意義はあると思うが、一度はアメリカを経験することをすすめたい。ふれ幅も大きく、移民も多いため、アメリカは人種のるつぼでもあり、多様な社会環境を経験することは日本人にとって大きな刺激となる。

Q　今もし20代、30代の日本の若者に戻れるとしたら、どんな仕事を、どこ（国内・海外・宇宙でも）でやりますか？

20代、30代で海外の仕事と生活を経験すること自体が大きな刺激になる。間違いなく海外で過ごす機会を得て、仕事としては成長過程の会社に勤める選択をするはずです。

Q　海外を目指す（留学・就職・移住）若者に具体的なアドバイスをお願いします。

留学の場合には教科書での勉強のみならず、社交をはじめ多くの経験をすることも大事な勉強であると意識するべき。就職や移住に関しては、とにかく積極的に自分から入り込む、体当たりする。そのためにも、**自分をよく理解し、アピールする力を身に付けること**をすすめる。

Q　これからも日本にいて頑張るという人へアドバイス、あるいは警告は？

仕事でも遊びでも、とにかく海外を知る。多様な人々と環境に触れること。これは実際に日本に居ながらでも可能なのではないかと思うので、特に若い頃は自分の限られた世界（海外ではよくこれをバブルと表現する）に留まるのではなく、自分のバブルから抜け出し、より広い世界で視野を広げる努力をすることをすすめる。

Point!

・日本の雇用を守るという考え方が、難局面で役立つ
・配慮や遠慮は時にマイナスに働く
・もっと世界を見ないと、国自体が限界に
・まずはアメリカの多様性に触れよう
・就職や移住は体当たりの気持ちで!

英語を学んで世界の扉がバイク便から学校経営へ

藤岡頼光さんのケース

藤岡頼光（ふじおからいこう）さんは、フィリピン・セブ島に拠点を置くフィリピン最大の英会話学校ＱＱＥｎｇｌｉｓｈを経営。約１８００人の教師を正規雇用し、年間６０００人の語学留学生を受け入れ、オンラインでも4万人を超える生徒に授業を提供している。

１９９2年バイク便のＱＱ便設立後、２０００年バイクショップのコネクティング・ロッドを設立。05年フィリピン・セブ島に留学後、09年にオンライン英会話事業のＱＱＥｎｇｌｉｓｈ開始。10年に留学事業も開始する。ＱＱＥｎｇｌｉｓｈは現在、日本、フィリピン、中国、韓国、タイ、ベトナム、ブラジル、ロシア、モンゴル、中東で展開している。

Q　海外に出られた一番大きなきっかけは何ですか？

英語を話せるようになり人生が大きく変わりました。

私は日本でバイク便という、英語と全く関係ない仕事をしていました。そして、バイクが大好きだったので、輸入バイクを売るお店も経営していたのです。輸入で出会ったイタリア人と趣味のバイクの話をしたくて、英語を勉強したのがきっかけでした。フィリピンのセブ島に来て英語を学び、英語が話せるようになり人生が変わったのです。

それまで、私の人生はバイクで始まりバイクで終わると思っていました。しかし、**英語を話せるようになり、世界の扉を開けたら今まで見たことがない世界が広がっていたのです。**

Q　今の場所でお仕事をされて、日本人でよかった、日本の社会を体験したからこそよかった、と思われる点はありますか？

２００９年のことです。私がフィリピンでオンライン英会話とセブ島留学の学校を作った時、日系の英会話学校どころか、英語を学んでいる日本人が誰もいませんでした。韓国系の学校しかなく、生徒のほとんどが韓国人だったのです。日本人はネイティブ信仰が強いので、フィリピンに来て英語を学ぶという発想が無かったからだと思います。

私は日本人が誰もやっていないビジネスを見つけることができたので、オンライン英会話だけでなく、世界中から毎年６０００人以上が学びに来るフィリピンで一番大きな英会話学校を作ることができました。

海外でビジネスをすると、一番のライバルは現地の人でも、アメリカ人でも、中国人でもなく日本人です。それは自分と同じ発想で経営しているからです。私が海外で成功できたのは、日本人なら誰でも持っている考え方で、学校を作ったからだと思います。

私はフィリピンのセブ島でビジネスをするまで、教育と全く関係ない仕事をしていました。ＭＢＡを持っているわけでも、大学で経済や経営を学んだわけでもありません。普通の高校を卒業して大学にも行かず、バイトでためたお金で好きなバイク関係の仕事をしていただけなのです。

私は何も新しいことをしませんでした。それまで安さを売りにした学校しかなかったので、高品質できめ細かいサービスを受けられる英会話学校を作っただけなのです。日本人なら誰でも考える当たり前のことをしただけでした。しかし、同じことをするライバルがいなかったのでフィリピンで成功することが出来たのです。

Q これから日本から出て世界を見たい人々に、今の場所のオススメ度・オススメのポイントは？

私は世界で活躍したいと思っている日本人が、第一歩を踏み出す最適な場所は、フィリピンだと思っています。

フィリピンは英語が公用語の国ですが、母国語はタガログ語です。フィリピン人は英語を勉強して話せるようになっています。毎年、ビジネス英語指数（BEI）が世界1位なので、世界で一番成功した英語の学習者と言えるのではないでしょうか。

また、フィリピンは世界一の出稼ぎの国でもあります。国民の10％が海外で働き、GDPの10％が海外からの仕送りで支えられているのです。

即ち、英語が話せるようになれば、世界で活躍できるということをフィリピン人が証明してくれています。

もちろんＭＢＡを取り、いきなり海外で活躍できる人もいますが、大多数の日本人ができる方法ではありません。今英語が話せなくてもフィリピンで勉強すれば話せるようになります。初めて海外でビジネスを始める人にとっても、フィリピンは英語が使えるのでとてもやりやすい国です。

フィリピンを最終ゴールにすることはおすすめしませんが、志がある人がグローバル人材になり、世界に打って出るスタートの場所として考えれば、フィリピンが最高の国だと思います。

そして、少し付け加えるなら、海外で働くなら、フィリピン人より日本人の方が有利です。海外に出ると、英語を話せる同じ国の人が少ないので、競争相手が殆（ほとん）どいないからです。日本の持っている文化や経験を、英語を使って表現さえできればチャンスがあります。

Q　逆に、海外でお仕事をされるうえで、日本人であること、日本の教育や社会を経ていることで足かせになっているようなことはありますか？

日本的なこだわりが海外でビジネスをするのに大きな武器になるのですが、日本の横並び教育がチャレンジ精神を妨げていると思います。既にある物の品質を上げていくのは得意ですが、誰もやっていないことや、自分が理解できないことに抵抗があるのが、日本人の特徴です。

２００９年に経験したことですが、私がフィリピンに英会話学校を作り、日本の留学エージェントさんへ営業に行った時です。なんと企画書を投げ返されてしまいました。「何で日本人が発展途上のフィリピン人から英語を学ぶ必要があるんだ」「フィリピン人から英語を学んだらフィリピン訛り（なま）の英語になってしまう」と言われたのです。日本人が誰もやっていなかったのでフィリピン人から英語を学ぶということが理解できなかったのだと思います。

出る杭は打たれるではありませんが、新しいことに挑戦する人の足を引っ張るのが日本の特徴です。**本来は誰もやっていないことや新しいことにチャンスがあるのです。**日本から近く、格安の料金でマンツーマンレッスンが受けられるフィリピンは、今では年間７万人もの日本人が来る、人気の留学先になっています。

Ｑ　海外から日本を見て、日本のポテンシャル／限界をどう評価しますか？

私のいるフィリピンは平均年齢が26歳で、人口ボーナスが２０６２年まで続くと言われています。それに引き換え平均年齢が47歳で人口が減少し、どんどん貧しく老いていく日本が心配です。今後、円安がさらに進んだら、どこからも相手にされない国になってしまうのではないでしょうか。

しかし、見方を変えると、今の日本の若者には可能性しかありません。**これだけの文化とポテンシャルを持っているのに、英語を話せて海外に出ていく日本人が少ないのはチャンスです。**国として考えると日本はノーフューチャーですが、個人で考えると大きな可能性があるのです。

何度も言いますが、海外でビジネスをする時、最大のライバルは日本人です。その日本人が少ないのですから、これほど戦いやすいことはありません。

Q これから短期でも海外に出ていくとしたら、どの国のどこを見ることをオススメされますか？

フィリピンと言いたいところですが、どこでもいいと思っています。

しかし、旅行で数日間行くのでは何もわからないし、体験もできません。できれば知り合いがいる国にじっくり行ってみるのがいいと思います。実際に生活をしている人と一緒に滞在すると、旅行では見えないものが見えてきます。

私は仕事柄色々な国に行きますが、知り合いがいる国に行くのが一番面白く、学びが多くあります。有名な国でなくても、大都市でなくてもいいです。知り合いを訪ねて押しかけてみてください。

海外に住んでいると、日本から知り合いが来てくれるのは嬉しいものです。忙しいのに行くと迷惑だとか考えがちですが、大丈夫です。大歓迎してくれます。

Q　今もし20代、30代の日本の若者に戻れるとしたら、どんな仕事を、どこ（国内・海外・宇宙でも）でやりますか？

一日でも早く海外に出て、日本人がまだやっていない仕事を探すと思います。

今まではアメリカで流行ったビジネスを日本に持ってくる、タイムマシン経営が成功していました。しかし、これからは日本の市場が縮小していくので海外に打って出るべきです。

私なら、日本で流行ったビジネスや、日本でやっている仕組みを、誰も知らない場所に持っていくタイムマシン経営をやってみたいです。

初めてビジネスをするなら、文化や考え方が近いアジアの発展途上国がいいと思います。私は英語を学び、英語が使えるフィリピンを選びましたが、英語以外を使っている国だと日本人がとても少ないのです。今からでもたくさんのチャンスがあるのではないでしょうか。

日本的な考え方でやるなら日本食や日本文化を発信するだけでなく、建築業でも、美容系の仕事でも、不動産業でも、なんでもいいと思います。

日本はアジアで唯一の先進国です。言い換えれば、日本だけがアジアで成功した経験を持っているのです。日本で成功しているビジネスだけでなく、日本で終わってしまったビジネスでも、これから始まるというアジアの発展途上国はたくさんあります。

Q 海外を目指す（留学・就職・移住）若者に具体的なアドバイスをお願いします。

まず言葉を覚えましょう。

世界中どこに行っても英語は通じますが、英語圏以外に行くならその国の言葉を覚えてください。そして、その国の文化を体験することです。食事もできるだけ現地のものを食べたほうが理解できます。私が実践しているのは、その地域の人しか食べない変わった食材や料理を喜んで食べることです。そうすると必ず親しくなります。

海外にいる日本人を見ていると、日本人とだけ付き合って、現地の人と接しない人が多くいます。海外に出てもグローバル人材とは言えません。**皆さんが海外に出たら是非、現地の人と交わってもらいたいです。**

そのためのアドバイスは、日本と違うことでも受け入れ、絶対に否定をしないことです。そして違いを見つけたら、何故違うのだろうと考え、もっといい方法があると思えば、それをビジネスにすればいいのです。

絶対に忘れていけないのは、どの国も自分の国ではないということです。普通に日本人が海外でビジネスをしたら、現地の人の仕事を奪うことになるので歓迎されません。

「その国のためにならなければ受け入れてもらえない」ということを肝に銘じて、役に立つことを考えてください。

Q　これからも日本にいて頑張るという人へアドバイス、あるいは警告は？

日本にいても、グローバル人材になって欲しいと思います。

グローバル人材とは海外に出て働く人を指す言葉ではありません。日本人としてのアイデンティティをしっかりと持ち、異文化を理解しながら、豊かな語学力で積極的にコミュニケーションができる人です。日本にいて海外から来た人と仕事をしたり交流したりする人もグローバル人材なのです。

これから円安がドンドン進んで、日本にたくさんの外国人が来ることになると思います。その時、正しい日本の文化を伝え、日本のファンを増やしていくのも重要な仕事です。日本の中にとどまって、日本人としか接する機会のない人生だと、とても厳しい未来が待っています。たとえ日本に残るという選択をしてもグローバル人材になってください。

最後に私の話をします。

海外でビジネスをしているといいことばかりではありません。想定外の連続です。しかし、先の見えない中を全力で走っていると、無心にバイクのアクセルを開けていた時代を思い出します。初めて走る峠を全力で攻めながら、次のコーナーを曲がるとどうなっているのか？ どんな景色が広がっているのか？とワクワクしながら走っている心境です。

パンデミックで留学生がゼロになったり、台風で校舎が大打撃を受けたりと、色々なことが起こりますが、楽しいツーリングが永久に続いているのです。**私は40歳で世**

界の扉を開けました。もっと早く気がつけばよかったと思っています。
日本でもグローバル人材にはなれます。しかし、「君は、こんなワクワクする世界を見ずに死ねるか⁉」と言いたい。

Point!

・同じ発想で経営する日本人こそがライバル
・海外へ踏み出す場所としてフィリピンはオススメ
・横並び教育がチャレンジの足かせに
・日本と違うことも受け入れ、絶対に否定しないこと
・想定外の出来事でも、ワクワクしながら駆け抜けろ！

第3章

学ぶ？ 働く？
海外で最高の果実を得るために

まずは学べ！　さて「どこに」行くべき？

日本最大の強運はアジアにあること

留学でも起業でも、何か行動を起こす前に、できるだけ早く広い世界を見て、全部のメニューを見てから、何を選ぶのかを考えるようにしたほうがいい。これは、日本の次世代を担う若い人全般にお願いしたいことだ。娘はファミリーレストランでメニューをよく見ないでオーダーしては、私が食べているものを見て「そっちのほうがよかった」と後悔している。海外に飛び出す場合、そんなやり方では遅い。世界で何が起こっているかを見極め、地域の経済的な背景やインフラ整備、テクノロジーの進展状況などを見て、自分ならここで何ができるかを考えるのだ。

世界は広い。自分の武器や目的を考えれば、行く先は千差万別だ。オーストラリアで農業をしたり、欧州でファッションや料理の修業をしたりするのもいい。カナダの大自然の下、自然科学の研究に専念することも意義あることだ。第2章で紹介した通り、人の数だけ行く先も行き方もある。

ここでは、外に一定期間出ていける覚悟と資金的時間的余裕がある人に、「強いてどこへ行くべきか聞かれた場合」を想定して、私なりに行く先の優先順位を考えてみた。お金と時間を最も有効に使うならどこか？　ということだ。あくまで一つの考え方として読んでほしい。

一つの切り口はアジアだ。オーストラリアからもカナダからも欧州からも、「アジア」を切り口に人が集まっている。故に、わざわざアジアにある日本に生きるわれわれが、アジアを無視して行く先を考える必要はないと思う。

日本の未来はこのまま行けばかなり暗いが、とてもラッキーなことが一つがある。それはロケーション。これは日本は常に強運であるという証でもある。世界人口の60％を占め、世界のＧＤＰの約30％を叩き出す今世紀最大の成長センター、アジア。このアジアに位置していることこそが、最大の幸運なのだ。世界のＧＤＰの約30％という事実はその経済規模の大きさの象徴だが、**アジアの真の魅力は今後の成長余地にある。**世界人口の60％を占めながら、いまだにGDPは世界の約30％ということは、世界平均の一人当たりGDPになるまでに、アジア経済は2倍に大きくなる可能性があるのだ。これはアジアの成長余地が世界最大であることの証明だ。アメリカも欧州も、成熟期に入った自国経済をもう一段引き上げるためにアジアを狙っている。しかし、彼らにはアジアはハードルが高い。

①距離が遠い
②時差がある
③なじみにくい

まず遠さ。アメリカ東海岸から中国まで15時間はかかる。西海岸でも10時間はかかる。これが東南アジアやインドがある南アジアならさらにプラス6〜10時間かかる。欧州からも同じくらい遠い。他方、日本から中国へは3時間くらい。シンガポールへは6時間半。インドへは9時間強で行ける。距離的な近さは有利である。欧米から見たアジア出張と日本からのそれとでは、時間的にも体力的にも負担が相当違うのだ。

次に時差。アメリカとアジアは12時間以上の時差がある。欧州とも6〜7時間はある。日本とは、中国では1時間、東南アジアとも2時間、インドで3時間半である。電話やスカイプ交信、メールの交換も時差がない方がはるかにスムーズである。

最後に親しみやすさ。共通のアジア的価値観というのは特定するのが難しい。宗教も仏教、イスラム教、ヒンドゥー教、キリスト教、儒教等、多様。四季が明確な温帯気候もあれば亜熱帯・熱帯もあり、寒冷地も高地もあれば、乾燥地もある。欧州よりも共通性の高い価値観がアジアにあるかどうかは微妙だ。しかし、われわれ日本人にとって欧米よりなじみやすい・親しみやすいと思う人は少なくないのではないか？

またアジア各地の人にとっても、植民地時代の宗主国と同根の欧米人よりも、髪や目や肌の色が近いわれわれ日本人には親しみを持ちやすいのではないか？　私の限られた経験ではそんなふうに思えて仕方ない。

しかし、「アジアの時代は自動的に日本の時代」と過信してはいけない。実は日本から見たアジアの時代と、アジアから見たアジアの時代とでは、見える風景に差があるのだ。

日本から見たアジアの時代で言えば、日本の輸出入に占めるアジアの比重は上がっている。この事実から「日本もアジアにどんどん依存している。だからアジアも日本に対する依存を強めているだろう」と思ってしまいがちだ。しかし、それは事実とは異なる。

アジアから見た輸出入で日本のウエートは減少している。人口も減少局面に入り、30年もデフレが続いていたことを思えば妥当な話だ。一方、アジアから見てウエートが増しているのが、やはり、腐っても鯛、アメリカなのだ。アジアの成長を牽引(けんいん)しているのは、人口が増加を続ける世界最大の消費地アメリカ経済なのだ。

アメリカが最大の商売相手となると、決済もドルで行われる比率が高い。カンボジアでは現地通貨より圧倒的にドル決済だ。そしてアジアを統一する言語も英語になりつつある。イギリスの植民地であった、マレーシア、シンガポール、インドもそうだが、アジアのエリートは中国からASEANまで英語を巧みに操る。

アメリカで各国のエリート層を狙え

アジアの時代は日本にとって大きなチャンスではあるが、アジアから見て重要性が増しているのがむしろアメリカ。

私のロジックは、

日本の有利さ→アジアに隣接→アメリカの重要性を再認識しアメリカへ行け！

まずどこへ行くべきかと問われたらアメリカと答える！　アメリカへ行け！

外へ出るときは、「アジアの時代」を想定して外へ出るべきだ。アジアを想定するなら、逆説的に、まずアメリカを狙えと言いたい。理由は先ほど私のロジックで説明した通り。日本はアジアとの関係を築くのに有利なロケーションにあるが、実はアジアはアメリカとの関係を重視している。

日本の倍以上の人口を抱え、しかも平均年齢はまだ日本より若く、人口増加は今世紀中も続くアメリカ。2100年の人口予測では、アメリカの人口は4億3000万人を超えると推計される。日本はアジアがないと生きられないが、アジアはアメリカ頼みなのだ。

アジアのエリートはアメリカに学びに行く。世界最高の教育現場があり、最も多様

で有意義なネットワーキングの場は、アメリカなのだ。アジアでのネットワーキングを狙うならまずアメリカを狙えと言いたい。

しかしながら、アメリカへの留学者数の下落傾向が強い。なぜだろう？　その理由は以下の四つではなかろうか？

・日本人のアジア志向の高まり
・アジアで多様な留学プログラムが勃興
・経済低迷からコスト重視でアメリカ敬遠
・アメリカの大学のアジア新興国重視

アジアの時代を先取りして、日本人のアジア留学が増えている。特に日本企業の中国進出に合わせて、中国語の習得やネットワーキング目的での中国留学が増えているようだ。アジアでも後に述べるシンガポールやインド等で英語による多様なプログラムが提供され、それらの中身は欧米に比べてあまり遜色がない割に、はるかに安価で場所も近くということも大きい。バブル期にアジアに留学しようと思っても、現地語で提供される限られた選択肢から選ぶしかなかった。

アメリカの名門大学や大学院に日本人留学生が減ったニュースはよく聞く。この背景には、学費の高騰だけでなく、中国、インド、韓国から優秀な学生が急増しており、入学の競争が激化していることがある。特にTOEFLの平均点ではこの3か国に大きく引き離され、日本人の英語力では彼らに太刀打ちできない。合格は年々困難になっている。また大学側も停滞する日本への関心が薄れ、意図的に元気のいい新興国に重点を移していることも大きい。このアジア新興国志向は合格者の選別に大きな影響を与える。

スーパーエリート校を目指せ！

しかし、もし英語力にも学力にも自信があるなら、アメリカのトップ校に学部から留学しよう。世界中の次世代リーダーはイェールやハーバードやスタンフォードなどのアメリカの名門校にこぞって留学している。中国の国家主席の娘はハーバード、インドナンバーワン財閥の息子はイェールといった具合である。アメリカの一流校は、今考えられるグローバル社会での最高の果実が得られる場所だ。

まずなんといっても教育の質。歴史、哲学、数学、宗教、物理、芸術等、幅広く徹底的に勉強させられるリベラルアーツ教育。親や都会の喧騒から離れた地方都市での全寮制で、集団での質素な勉強中心の毎日で人間力、交渉力、リーダーシップ力も学んでいく。勉強のみならず、スポーツや音楽やボランティア活動も自主的にやっていくことが求められるので、時間管理術を学びながら、多彩に脳から身体から心まで鍛えていく。教師たちも素晴らしい。イェールやハーバードやスタンフォードでは、世界各国の大統領や閣僚をやっていた人物が教鞭をとっているし、ノーベル賞受賞者もゴロゴロいる。残念ながらこんな教育は、今やアメリカ以外では受けられない。

ネットワーキングにも有利だ。全寮制なので24時間同じ釜の飯を食べながら友情を深めていく。ここで出会い、共に暮らしたつながりは一生モノとなろう。世界中のリーダーの子女が集まっているので、本人とのネットワークに家族のネットワークもついてくる。

アメリカの名門校に留学した実績は、その後に万能のパスポートとなる。学部卒業生はアメリカ人と同等の英語力とアメリカ社会への理解があると想定されるので、グローバルな舞台で引く手あまたである。

ただし、それだけのパスポートを手に入れるのは容易ではない。アメリカの名門校に学部留学するのは不可能ではないが、ハードルの高さは並大抵ではない。この狭き門は、アメリカ人にもインド人にも中国人にも狭き門だ。日本人ならなおのことである。受験制度も違うし、必要とされる英語力は半端ない。うまく入学できたとしても、空気を読めず配慮の足らない世界から集まった若者たちとの過酷な競争やハードな付き合いは、タフでないと乗り切れない。孤独も味わうだろうし、日々の勉強の大変さから多様な活動の激しさに、心が折れそうになることもあるだろう。

アメリカの大学に行きたい！　さあどうする？

日本の大学受験英語に目標設定していては、アメリカの学部留学は厳しい。まず英語力。英検なんて、世界では誰も知らない地域限定ローカル資格に過ぎない。**目指すはTOEFLである。**これはアメリカの高等教育についていけるかどうかという視点で設計された試験だ。教養も問われ、読み書き・聴きしゃべり、すべてが本場の語彙とスピードで試される。

余談になるが、私は日本の大学入試の英語はＴＯＥＦＬにすればいいと思う。日本人が英語がうまくなれないのは、目標設定を間違えているからだ。受験英語のせいで日本人の英語力は損なわれている。ＴＯＥＦＬが必須になればそれに学生が対応し始め、あっという間に世界に冠たるＴＯＥＦＬ高得点国になると思う。もちろん、そのためには英語教師を大量に入れ替えないといけないが。

アメリカの大学進学希望者のための共通テストに、ＳＡＴというものがある。日本の大学入試の共通テストは一発勝負。これだと体調や天候で実力が出せない不運な学生が出てきてしまうが、この試験だと年に複数回受験できるので、ピークに合致したときのスコアを大学に出せばいい。人生の岐路となる大学入試を、年に一発勝負の試験でやらされる我が国の受験生は不幸である。

今は灘（なだ）や渋渋（渋谷教育学園渋谷中学高等学校）や麻布や開成のような、インターではない日本の進学校でも、イェール大やハーバード大、スタンフォード大への学部留学を目指す学生が増えている。日本の高校生が目指す頂点は今や東大ではなく、ハーバード、イェールになりつつある。

有名進学塾でも、全国トップ30に入った小学生たちを、アメリカ名門校のキャンパス訪問に連れて行っている。日本の大学とは比較にならないくらい雄大で美しく設備も整ったキャンパスを見せて、「君たちが目指すのはここだよ」と刷り込んでいるらしい。けっこうなことだと思う。

ただ経験者に聞くと、合格方法が確立されていないアメリカ名門大の学部入学は、「先が見えない暗中模索」だという。灘高からイェール大を受験して合格したという古賀健太さんに聞くと、

「滑り止めで東大の準備も並行して取り組んでいましたが、あまりにも受験制度が違っていて、日本の大学に特化した進路指導の先生も頼りにならず、自分で情報を集め自分ひとりで戦っていました」

と漏らしていた。彼は続けて言う。

「イェールをはじめアメリカの大学入試では、日本の大学入試のような付け焼刃は一切通用しません。それまでの全人格を問われるようなプロセスです。例えば『あなた

が、イェール大の入試担当者だとしましょう。今年も受験者のほとんどが、共通試験がほぼ満点で、ほとんどが生徒会長をやり、スポーツやＮＧＯ活動で輝かしい業績を上げ、数学・物理オリンピックの入賞者です。イェール大の将来のために、本当に優れた学生をこの中から選抜するためにどんな質問をしますか？』というのが入試の質問です。こんな調子ですから、正解を答えられたのかどうかもわからない。日本の大学みたいな受験の後の手ごたえが、まったくなくて。試験を受けたあとは、ずっと心配でした」

古賀さんの当惑には同情してしまうけれど、この試験問題一つで、アメリカの名門大の質の高さがわかるのではないだろうか。

アメリカの学部進学を目指すなら、私と同じ年に国会議員になった斉藤淳氏が開校している「ＪＰＲＥＰ斉藤塾」がオススメである。斉藤氏は政界を去ったあと、米名門イェール大学で博士号（政治学）を取得し、同校で助教授まで上り詰めた人物。アメリカの名門大で教員までやった人物が直接指導してくれる米大学進学予備校は、いまだかつて日本にはなかった。

「受験のためだけに準備をするのではなく、知的に成熟した人間になるために、考える練習をした結果として、受験の関門を楽々突破する」という方針も含め、とてもユニークな試みだと思う。

それ以外にも、2008年5月にベネッセコーポレーションが開いた、アメリカのハーバード大学など海外トップクラスの大学を志望している高校生のための進学塾「ルートH」もある。

アメリカの名門大への学部入学は、そう簡単なことではないが、もし突破できたら、その後に手に入るものは果てしなく大きい。

もちろん、ビジネススクールやロースクール等、大学院からの留学も意義はある。ビジネスや法律関係の仕事の経験があれば、こちらの方が入試や入学後の勉強のハードルが低いと思う。

シンガポールでアジアを押さえる

アジアの時代だからこそ、日本人としてはアメリカに行くことが重要と説いてきた。

できるならアメリカの名門に行くべきだ。アジアの次世代リーダー候補生はそこに集結しているからだ。アジアの活力の中で活躍するためには、アジアとアメリカの次世代リーダーとの交流が有意義だ。しかし、もちろんアメリカの名門に進学する以外の有力な選択肢もある。

アメリカの課題は、教育費や生活費が非常に高いということ。昨今の円安に加えて、生活費や学費はドル建てで常に上がっている。大学でも大学院でも、学費プラス生活費は非常に高い。

アメリカの名門に確実に行くチャンスがあるなら別だが、そうでなければシンガポールに行く方がベターではないかと思う。

・アジアのハブである
・十分英語が学べる
・世界の名門大の分校がある
・アジアの熱気を最も感じられる
・コストがアメリカより安い

・アジア中心のネットワーキングにいい

シンガポールの国家発展の源泉はハブ政策だ。東アジア、東南アジア、南アジア、最近自らをアジアの一員と称するオセアニアの中心に位置する。アジアの東端に位置する日本より優位なロケーションだ。このロケーションを最大限に活かすため、効率的な空港・港湾、道路網を整備し、英語を公用語の一つにした。加えて各種の優遇税制も提供している。

この国にいれば、インドから中国、東南アジア、少し足を延ばせばロシアまでは押さえられる。新興国に直接進出するのもいいが、新興国に囲まれ、新興国を知り尽くし、新興国と先進国の橋渡しを生業（なりわい）にしようとしているシンガポールを活用するのがベターだと思う。

街を歩けばわかる通り、シンガポールは多様性にあふれている。中国系がマジョリティーだが、マレー系やインド系もいるし、欧米人や中東系、日本人までたくさん駐在し生活している。多様性に慣れる環境としてベストだし、この国にいれば色んな国の状況や商習慣まで幅広く学べる。国家政策のおかげで新興国ごとに、経済・政治分析、法律、マーケティング等のプロ（コンサルタントやアナリスト）がおり、人脈も紹介してくれる。

中国もいいが、中国は政治と経済の〝いいとこどり〟である一国二制度が限界まで来ている。これからも政治経済の世界における影響力はあるとは思う。しかしながら、共産党一党独裁と資本主義とグローバル化の軋轢（あつれき）が増し、相当経済や政治が不安定化するとみる。今まで覆い隠せていた問題点がこれからも抑えられるとは限らない。中華系が多く、中国の情報が中国より素早く正確に手に入ると言われるシンガポールから中国を見るのもいいだろう。

シンガポールの面積は淡路島程度で、人口も日本の22分の1程度だが、今や日本を抜き去り、世界最高水準の豊かさを持つ都市国家である。何よりアジアの金融センターで英語と中国語が公用語なので、お金とメディアを通じて世界の情報がアジアで最も集まっている。

また、インフラが効率的衛生的に整備され、非常に快適だ。安全でコンパクトなこの都市国家の中に、学校、病院、住居、ホテル、レストラン、カジノ、テーマパークが見事に整備されている。なかでも着陸してからホテルのドアを開けるまで常にほぼ30分という快適さを持ったチャンギ空港は、世界一の便利さを誇るだろう。

シンガポールは、30年間で名目ＧＤＰを12倍にした。新興国発展の最高のモデルと言われる。それをコピーして成長しようという国や地域も多い。ロシア、中国の諸都市、アブダビ、ドバイはもちろん、沖縄や大阪もシンガポールをお手本にしようとしている。半世紀ほどで、アジアで最も裕福な国家の一つを作り上げた、シンガポールの生みの親、リー・クワンユー氏の手腕に私は敬意を表したい。

住む、働くという視点で見ると、東南アジアで最もビジネスや資産家に有利な税制となっている。法人の場合、欠損金の繰り越しが永久にできるので節税効果は高い。法人税は17％、所得税は累積で最高税率が22％と日本の半分。しかも住民税はない。相続税を含めて資産課税がゼロであり、キャピタルゲインも配当も非課税だ。

税制だけではない。シンガポール政府では経済開発庁や国際企業庁といった機関が、外国企業のシンガポール進出やシンガポールを拠点にした世界展開を、効果的に支援してくれる。英語が公用語で司法制度がしっかりしており、ほぼ一党独裁だが、民主的な政治制度を持っている。世界で最も高潔な政府の一つとされ、日本の官僚社会のような腐敗もない。アジアの富裕層の多くが資金とともにシンガポールに滞在している。

ビジネスにとってもアジアの中心であるロケーションは最高だが、学生にとってもいい。前述のごとく、このロケーションを求めて集まってくる多様な価値観や文化背景の人々と生活し、学び合うことの意義は大きい。後述するが、シンガポール政府は「教育のハブ」も標榜しており、世界から名門大学を集め、様々なプログラムを提供させている。世界に冠たるブランド大学の学位や資格が手に入れられる。留学して得られる経験も中身も価値あるものだと思う。

シンガポールの市民は日本ファンが多く、対日感情もいい。食べ物も豊富だ。まともな日本食が手に入る国でもあるから食の心配はない。

アジア全域を網羅したネットワーキングも発達している。ＡＳＥＡＮ諸国の富裕層やリーダーはシンガポールに拠点を持ち、シンガポールでビジネスをしている欧米人とのネットワーキングに励む。そのための場所となる会員制クラブやホテルや高級レストランもたくさんある。日本よりはるかに、世界へ向けた情報ハブの国である。この国で情報を得て、人脈を作り、政府の支援を仰げば、中東・アフリカ・欧米などへも新展開しやすい。つまり「さらなる海外展開への足がかり」の一歩としても最適なのだ。

また、メディカルツーリズムを観光の柱とするシンガポールでは、多様な先進的高度医療も受けられる。自国で治療困難だと言われた病気を治すため、シンガポールに治療滞在する富裕層も少なくない。世界中の富裕層向けのビジネスを考えたり学んだりする場所としても魅力的だ。加えて、シンガポールはこれから急速に高齢化していく。しかし、基本的に自助の精神で発展してきたので、福祉政策に疎く、これから日本の高齢化政策がモデルになってくる。高齢化ビジネスをシンガポールで展開するのも面白いかもしれない。

シンガポールの大学はなぜ最高なのか

シンガポールの公用語の一つは英語。どこへ行っても英語が通じる。しかもシンガポール・イングリッシュ略してシングリッシュといわれる中国語訛りのある英語だ。これは英米英語に今一つなじめない日本人には親しみを感じる。しかし、シングリッシュは英語として欧米人に通じているので、日本人としてなじみやすい英語環境で英語力を上げていくのにいいかもしれない。

シンガポールの大学や大学院では、世界的な研究者には、国家が提供する潤沢な研究資金が用意されているので、世界から集まった人材と共に切磋琢磨できる環境にある。これは何物にも代え難い。

話題のベトナムやインドネシアやカンボジアを狙うにしても、拠点をシンガポールに置き、政府の情報や資金の支援を仰ぐのが賢明なやり方だ。

私は日本で、ある有名な実業家に、「東京がどれぐらい元気がないか、田村さんに見てほしい」と東京の空をヘリコプターで案内してもらった。たしかに空から見下ろす東京は、活気をすっかり失っているように見えた。建設中の施設が、ほとんどない。都市として十分に完成しているという言い方もできるが、日本国家を支える最大都市に、「新しいもの」があまり造られようとしてない光景は、少し残念な気がしたものだ。

その点、シンガポールは本当にエネルギッシュだ。第1章にも書いたが、飛行場に降りてゆく時点で、眼下に無数の建築中のビルと、無数のクレーンが立ち並んでいる。この成長中の都市に、今から降り立つのだと思うだけでワクワクする。シンガポールを押さえれば、アジアの未来が見えてくると思う。

シンガポールへ行く際に参考になるサイト

・シンガポールでの主要な大学についての情報サイト
https://www.topuniversities.com/universities/country/singapore/

・シンガポール留学支援センターのサイト（基本的情報が網羅されている）
http://www.heartlink.com.sg/study/

思い切ってインドのカオスに賭けてみる！

もう一つオススメするのはインドだ。21世紀はインドの時代と言ってもいいだろう。現在の人口は約14億人。2023年には中国を抜いて世界一となる見通しだ。しかも国民の年齢が若い。現在インドの平均年齢は約28歳。ちなみに日本は約48歳だ。

ミドルクラスが増加することで、中国で起こったような農村から都市への人口移動がこれから起こり、そこに新たな産業やインフラが立ち上がる。将来的に、さらなる活況が望めるのは間違いない。

インドの特徴は内需の大きさ。中国が貿易立国であるのに対して、インドは内需大国なのだ。世界経済の変動をもろに受ける中国と違い、先進国のように内需で確実に成長できるのも特徴だ。

インドは英語国家でもある。グローバル社会での影響力は今後、急速に上がってゆくだろう。

また独裁による国家資本主義ではなく、民主国家である点や、仏教の発祥地、数学に強いなど、日本人がなじみやすい部分は多い。

加えてインドは、日本人に対する印象がすこぶるいい。太平洋戦争では色々あったが、インドでは「欧米相手に2回も戦争を挑むなんて、すごい」「よくぞアジアを解放してくれた！」という、尊敬のイメージが強い。インドで実施した日本の外務省の2018年調査結果によると、「日本はインドにとって信頼に足る友邦か」という質問については、94%のインド人が肯定。「日本は世界経済の安定と発展にどの程度重要な役割を果たしていると思うか」に対しては、81%が「重要な役割を果たしている」と回答しており、**「最も信頼できる国はどの国か」という質問については、なんと日本が38%で1位だ。**多様な自己主張を持つインド人の90%以上が日本を支持するという結果は、特筆すべきだろう。

ちなみに日本のアニメはインドでも人気で、特に『ドラえもん』のファンは多い。『NARUTO―ナルト―』『ONE PIECE』なども人気のようだ。

日本人や日本企業が中国に殺到しているのに比べて、インドは、まだ日本人があまり行っていないという点も魅力だ。中国に進出している日本企業が1万社以上あるのに対して、インドに進出している日本企業は1400社程度。ほとんど未開拓のマーケットなのだ。インドへの留学やインドでの起業はチャンスにあふれるだろう。大都市でももちろん、課題はある。何といっても、インフラの整備が遅れている。街中に牛や犬がウロウロ歩いている。高速道路にまで入ってくる。

停電もしょっちゅう。無計画停電が、いつ来るかわからない。しかも電圧が一定ではないので、電気が戻ってくるときに高圧になっていて、プラグを差し込んだままだと、家電製品が壊れてしまうこともしばしばある。

水も悪い。水道水は飲料にふさわしくなく、シャワーを浴びただけでも、お腹を壊す人がいる。氷や生野菜も要注意だ。食べ物は基本的にはカレー風のものが中心。好きな人は構わないだろうが、長期滞在となると、食のバラエティ不足は問題かもしれない。

国土も広く、寒冷な高山帯から熱帯そして乾燥帯と、気候は多様だ。風土病も多く、日本ではあまり見られない病気もたくさんある。宗教上の理由で、アルコールを楽しめる場所も州によっては制限がある。東アジアや東南アジアにあるような、日本人がストレス解消する歓楽街もインドにはまだ少ない。

政治も役所も腐敗がひどい。おまけに地方分権が下手に徹底されているので、村・町・市・州・国と多段階の腐敗に対処しなくてはならない。腐敗の分権化は多様な腐敗の慣習を各地で作っている。州、そして都市レベルで法制や税制が違い、その腐敗の順列組み合わせが複雑なので対応するのは大変だ。ビジネスを複数の都市間で展開する場合、さらに税制や規制が絡み合ってややこしい。

悪いところを挙げれば、いくつも出てくる。けれど新興国なのだから当然といえば当然だ。中国のように一党独裁で、政権がメディアをコントロールして情報を隠蔽（いんぺい）しているのと違い、インドはメディアも政権を自由に批判でき、ネット規制もない。問題はすべてオープンだ。問題を管理している中国に比べて混沌とした印象があるが、問題が見えやすい点がインドの素晴らしさだと思う。どの課題も、解決すること自体がビジネスチャンスとなるので、これから劇的に民間活力で改善されていくと思う。

インドは人口、その若さ、発展段階、日本への好感度などなど、多くの課題を補って余りあるくらいの魅力と可能性に満ちている。

一度、旅行でもいいからインドを訪ねてほしい。日曜日の渋谷のスクランブル交差点の人混みの比ではない。貧富も人種も宗教も多様な違いが雑居したまま、ものすごい数の人々がひしめき合い、「経済的に豊かになりたい！」と、国民全員が一斉に上を向いて生きている。あの圧倒的な国全体のエネルギーに身を置けば、日本では感じられなかった何かを君も感じられるはずだ。

中国を凌ぐといわれる5000年の豊かな歴史と壮大なカオスは、訪れたすべての人々の人生を、劇的に変えるだろう。

そんなインドへの留学は面白い。私も機会があればインドに留学してみたいと思うくらいだ。英語でITや数学を、あのカオスのエネルギーの中で生活しながら学んでみたい。あれだけ自己主張の強いインド人たちにもまれれば、心も身体も頭も鍛えられる。その後の人生に、複数の選択肢が生まれるだろうし、インド留学をやり遂げた日本人は、インド企業からも欧米企業からも日本企業からも引く手あまたになるのは間違いないと思う。インドで一つのことをやり遂げられたら、世界中どこでも何でもできると思う。それくらいの登竜門だ。

インド留学情報

・日本学生支援機構のインド留学のサイト（留学に関するあらゆる情報が最も充実）

https://ryugaku.jasso.go.jp/oversea_info/region/asia/india.html

・インドの大学のランキング

https://www.4icu.org/in/

他にも、ブラジル、ロシア、アフリカ等も行く先として面白いと思う。しかし、私の薦める優先順位としては、アメリカ、シンガポール、インドの順で行ってみてほしい。それ以外の国は、私がオススメするこの3か国を経験して卒業するような人にオススメしたい。

もちろん、何かのご縁や具体的なきっかけを持っている人は別だが。

外国大学に編入という選択

今まで主に留学という視点で展開してきたが、次は編入という方法について紹介する。海外の大学に行きたいが、もうすでに日本の大学に入ってしまっているという諸君。まだ遅くはない。「自分は帰国子女ではないので学部からなんて……」という卑下も必要ない。

２０１１年、アメリカの名門ブラウン大学に日本の大学から編入した、非帰国子女の熊平智伸（くまひらとものぶ）さんの話を紹介したい。以下はご本人が書かれた体験談である。ぜひ参考にしてほしい。

ブラウンを含むアメリカの大学に進学（編入）する際に必要な手続きについて、簡単に説明します。

日本に生まれ育った私は、当然のように日本の教育を受け慶應義塾大学に入学しました。当初は、自分の知的好奇心をより高いレベルで追求できる大学生活に満足していましたが、9月も終わりに差し掛かるころには、もっと厳しい環境で自分を試してみたい、そうした欲求が抑えがたいものとなっていました。

ところがいざ準備に取り掛かると、SAT、TOEFLなどの試験や推薦状、エッセイなどあまりに多くのことを4か月程度で済ませねばならないことがわかってきました。加えて、自分の目標とする大学はアメリカでも屈指の名門、編入の合格率は5％以下とも言われていました。「無謀」という言葉がピッタリの挑戦だったのです。その証拠に、TOEFLの対策予備校の中には、帰国子女でもない未受験者が100点以上など保証できないので、と希望するクラスへの入校を断ってくるところもありました。

しかし、難しさに呆然とすると同時に、調査を重ねるにつれ、米国の大学こそが自分の求める環境であると信じるようになりました。前例が皆無に等しく、インターネットではほとんど情報が得られなかったため、大学の教授をはじめ多くの留学経験者の方に直接お話を伺い、準備を進めました。3月1日の締め切り当日に出願を終えたときの達成感は鮮明に記憶しています。

※ここに記述するのはあくまで筆者の経験の範囲内の必要事項ですので、これから同様の出願をする方すべてに当てはまるものではありません。ご注意ください。

Q編入をしようと決意した理由

自分の能力を高め鍛えるために、挑戦しようと思いました。

自分自身、これまでの人生で大切にしてきた、アグレッシブさや創造力、リーダーシップなどを活かし伸ばせる場として、留学に思い至りました。

日本の大学の自由度の高さは、やりたいこと学びたいことのはっきりした学生にとっては、かなり有益だと思います。

一方で、分野を問わず、あらゆる分野の学習を通じて知性を陶冶し、人間としての学びを得ることを目指す人には、対話を主とするリベラルアーツは最高の環境だと考えました（この考え方は福沢諭吉の『学問のすすめ』によく表されています）。

また、留学の準備としてエッセイを書いたことは、自分を見つめるいい機会でした。周囲がどうとか関係なしに、自分は何をしたくて、何を伝えたいのかを考えてみることは、成果が出る可能性がたとえ数パーセントでも自分の将来に大きく寄与すると思いました。

合否もさることながら、挑戦する行為や過程で得られる学びそれ自体に大きな意義を見出していました。

Q試験等について

①英語能力を証明する試験

アメリカの大学は当然ながら、ほぼすべての授業が英語で行われます。よって所定の条件（在米年数や英語教育の経歴、ＳＡＴの点数など）を満たさない学生には、原則としてＴＯＥＦＬの受験が義務付けられています。

私の場合、トップ大学はＴＯＥＦＬ.iBTで１００点以上、できれば１０５点が望ましいと言われました（最終スコア１００↑ぎりぎり）。

②学生としての能力を証明する試験

日本にセンター試験があるように、アメリカにも高校生を対象とした同様の学力試験があります。それがＳＡＴとＡＣＴ（American College Testing）です。大抵の場合どちらかを選択すればよいようです。私はＳＡＴを選択しました。中身はほとんどセンターと同じで、アメリカ人の国語に当たる基本科目のCritical Reading／Math／Writingに加え、文学や歴史、物理、化学、生物、フランス語、日本語、中国語など相当数の科目から2科目の点数を提出します。ただし、大学によっては編入の際に改めて基本科目以外を受験しなくても良しとすることがあります（意識の高さを見せつけたいなら受けるべきでしょうが、私の場合は時間がなかったので基本科目だけでした）。

③エッセイ（どうして編入したいのか、何を学びたいのか、あなたはどんな人物かｅｔｃ．）

アメリカの大学受験と日本の大学受験との決定的な違いをなすもの、それがエッセイです。ここでは、試験の点数や課外活動の報告、推薦状など、客観的に評価されたものとの整合性も含め、自分のことをどれだけ知っているか、一貫性を持って理解し行動できているかが問われます。

つまり、自分のこれまでの人生を振り返って、何が嬉しかったか、何に燃えてきたか、どんな行動をとってきたか、といったことを考えながら、それを表すようなストーリーにすることが求められています。

ここまで読むと、アメリカのトップ大学に行く生徒なら……きっとクラブで全国優勝した話とか、数学オリンピックで入賞した話とか、NPOを中学で立ち上げた話とか、をするのだろうと思う人があるかもしれません。そう考えると、これまでの自分のアチーブメントなんて、といじけてしまいますよね。「あなたの人生で」なんて言われた日には、さぞかし大層な文章にしなければならない気がしてしまいます。

しかし、それは誤解です。なぜなら、大学がエッセイを通じて知りたいのは、"Who are you?"すなわち、あなたが何者なのか、どんな人物で、何に興味があり、どう行動しているのか、そして、それをどこまで正味で謙虚に理解し表現できているかです。英語に"authentic"という言葉がありますが、オーセンティック（正真正銘)な自己を表現することがもっとも重んじられるのだと思います。

私自身もこの過程には着手から3か月をかけ、最後のひと月は1日10時間はかけてわずか数本のエッセイを仕上げた記憶があります。今でも、エッセイのおかげで合格できたとの認識は変わりませんし、ブレストから作文にいたるまで延々と自分と向き合えたことは一生の宝だと思っています。

それくらい大切で、そして有意義な出願プロセスなのです。

Q留学会社を利用したか、自分ですべて出願したか
利用しませんでした。すべて自前です。
試験対策も方法論だけ予備校へ通い、あとは独学でした。
自分の場合、留学を決めたのが9月の終わりだったので、とにかく時間がなかったのを記憶しています(締め切りは3月1日)。
※無謀だと言われても、決して真に受けないのは大切だと思います。

(内容は執筆当時のもの)

社会人留学はコスパをよく検討して！

社会人の留学は、コスパ＝コストパフォーマンスをしっかり計算してからだと思う。留学で失う時間と実務経験に勝る価値を留学が生み出すかどうかである。ただ私的に総論を言わせてもらえば、留学はした方がいいと思う。

前述した通り、これからはグローバル化とテクノロジーの進歩が単純労働をどんどん消していく。常に自分に投資をして知識集約社会の中で競争力を保っておかないと、いつどこでライバルが現れ、いつ自分の組織が消滅するかわからない。そして、国家財政の問題を考えれば、死ぬまで国家の社会保障に依存していくことは不可能となろう。

しかしながら、前述した通り、今の仕事で競争力を高めていくことが先決だ。詰め込んでいるモノが何もないのに留学したり起業したりしても、長期的に成果を上げることは難しいと思う。

まずは、営業、財務、マーケティング、人事等、自分の今の持ち場で、グローバル

化やテクノロジーに取って代わられない力をつけよう。自分にしかできない働き方を見つけ、他者の追随を許さない成果を出そう。その心がけで今の現場で頑張れば、社内でも当然不可欠の存在になってくる。そのときに社内的に留学や海外転勤に関して交渉力を持てる。留学や海外転勤の際に、その実績や自信が海外での経験をより豊かにしてくれる。

私の知り合いでも「社費留学なんてもってのほか」と会社から言われていた人間が、奮起して営業成績を残し、チームを引っ張るリーダーシップも見せ、会社も彼の海外留学を支援せざるを得なくなったケースがある。

第一のオススメは欧米の一流MBAか経済学

社会人海外留学となると、つぶしが利くのはMBAである。万国共通の経営課題を英語で学べるし、学生の質やモチベーションも一定のものがある。多くのビジネススクールがハーバードと同じケースを使ったケース学習スタイル。大量の読み書きもやらされるし、発言を多く求められるのでスピーキングやリスニングの練習にもなる。

いい学校に行けば、先生も学生もレベルが高く、いいネットワーキングの機会にもなる。ただ、自分の取り組み次第で学校のランキングにかかわらず学べる。

次にオススメするのは、経済学。これも万国共通で最新事例もやるので、留学後つぶしが利く。ただレクチャースタイルが多く、発言する機会は多くはない。また、数式が多く、英語がわからなくても類推が利くので、語学のハードルが低い分、語学面での学びも少ない。アメリカの名門の経済大学院には世界中の財務省や中央銀行の幹部が勉強に来ているので、ビジネススクールとは一味違った人脈ができる。

法律はそもそも国ごとに違うローカルなものだから、ロースクールだと意外にグローバルで役に立てづらい。今、世界の名門大学で設置するのが流行りの公共政策大学院も、少しビジネスとは分野が離れるが、経済学や経営学の要素を多く取り入れており、国内外の就職でも一定の評価を受けている。よって、ＭＢＡほどではないが適度につぶしが利く。学生も多様性が高く、国籍のみならず、バックグラウンドも様々だ。名門のＭＢＡに受からないときは、滑り止めで同じ大学の公共政策大学院という選択肢はあるかもしれない。ハーバードやデュークがそうだが、成績が良ければ大学名で仕事が見つかることもあるようだ。

ちなみに理科系の人は、日本の名門校なら世界のトップクラスと同等のレベルにある。分野によっては日本が世界最高峰にあるので、専門性のために海外留学する価値があるかどうかは再考すべき。ただ、海外留学は専門性のためだけではない。海外生活から人間としての成長を目指すという意義もあり、ここをどう勘案するかにより、留学の意義は変わってくる。

最もつぶしが利くであろうＭＢＡだが、難関はＴＯＥＦＬとＧＭＡＴ（Graduate Management Admission Test ＝出願者がビジネススクールで学べるレベルに達しているかを判定するテスト。多くのＭＢＡが合否判定の基準の一つにしている）という試験だ。この試験の準備に1年はかかる。費用も勉強時間も取られるので、仕事のパフォーマンスが落ちる可能性がある。

人生で最も詰め込まないといけない時期に何を詰め込むのか真剣に考えよう。英語や留学試験なのか？　それとも仕事で実績を出すことか？

世界の名門ビジネススクールでは学生が若返っており、25歳近辺の人も多い。社会人なら3年目だ。実務経験2～3年で皆飛び込んできているわけだ。この事実をどう評価し、どう対応するか？

一つは、彼らに合わせて自分も若くして留学するという選択。もう一つは、そんな若い奴と一緒に学んで得るものは少ないからとMBAはパスするという選択。後に紹介する香田譲二さんは、普通のMBAに行っても今さら学ぶものは少ないだろうと、働きながら学べる通学型のEMBA（Executive MBA　＝すでに管理職の立場にある人を対象にしたプログラム）にした。また実務経験が乏しいまま若くして留学しても、よほど英語ができないと、MBAの授業で貢献できないし、ビジネスの実感を持って学べない可能性もある。一方、若くしてMBAを取っておくことは若くしてグローバルなパスポートを持つことだから、スタートが早いことの有利さはある。

MBAの大きな課題はコスト。これには時間とお金の両方がある。ランキング上位のビジネススクールで2年間の場合、コストは学費、生活費を合わせて2000万円近くになる。これに足る成果を生み出せるかどうか？

実務の2年間と2000万円を取り戻すのは楽ではない。しかし、その後40年、50

年以上続く人生を考えたら、このコストの評価は変わってくるのだと思う。

1年制や通学型のMBAも

MBAの時短も可能だ。世界では名門も1年制MBAを提供し始めた。スタンフォード、MIT、ケンブリッジ、オックスフォード等がそうだ。

さらに別の選択肢として、通学型のMBAがある。

シンガポールで代表的なところでは、シカゴ大学ブース・スクール・オブ・ビジネスのEMBAがある（現在は香港に移転）。他にもシンガポール大とUCLAのジョイントのEMBAもあるし、同じくシンガポールにあるフランスの名門、インシアード（INSEAD）ビジネススクールのEMBAもある。通学型MBAのランキングで最も充実しているのは、フィナンシャルタイムズ紙のもの。面白いのは各校が提携して世界各地で学べるもの。ニューヨーク大学とロンドン・スクール・オブ・エコノミクス（LSE）とフランスHECが提携したニューヨーク、ロンドン、パリを巡るEMBA。UCLAとシンガポール大のロサンゼルスとシンガポールで学ぶもの。シカゴ大は、香港、ロンドン、シカゴを巡ることができる。

肝心のプログラムの内容だが、当時シンガポールのシカゴ大ブース・スクール・オブ・ビジネスのＥＭＢＡに通った香田さんに聞いたところ、これは相当きつい。約5週間の間隔を空けて、1週間の集中授業が各キャンパスで行われ、2年弱の期間中合計16週授業がある。キャリアを続けながらの通学型とはいえ、いわゆるオンライン授業ではない。つまり平均で毎月一度7時間かけてシンガポールに飛んで、1週間滞在し集中して授業を受ける。これを約2年間続けるのである。勉強も大変だが、仕事をこなすのも大変だと思う。

仕事を続けながらＭＢＡを取るという選択

香田譲二さんは体育会バスケットボール部出身で、ＥＭＢＡ卒業後に数年間日本でキャリアを積んだのち、現在はシリコンバレーに渡り、本場のスタートアップエコシステムで活躍をしている。取材当時は32歳。月に1週間ずつ休みを取ってシンガポールに〝通学〟していた。すでに結婚していて子供もいるが、「海外に出るのは今しかない！」と、家族や周囲を必死に説得。シンガポールと東京で、仕事と学業を両立させた。

なぜMBAでなく、通学型のEMBAにしたのか？　いかに情報を集め、どう決断したのか？　彼の経験談を紹介しよう（内容は2012年取材当時のもの）。

「そもそも、欧米トップスクールの通学型EMBAがアジアに存在することを知らず、仮に知っていたとしても、『まだ自分はExecutiveではなく合格基準に満たない』『仕事との両立などできない』との思い込みから、選択肢に入れることはなかったと思う。故に、当初は会社を辞めるつもりで、欧米トップスクールのフルタイムMBAを念頭にGMATの準備を進めていた。

ひょんなきっかけから、そのことが尊敬するHRリーダー（人事のリーダーのこと。彼はMITのフルタイムMBA）の耳に入り、フルタイムでの留学に猛反対された。

彼曰く、その時点で私はすでにMBAホルダー以上の能力を有し、責任が重い仕事で結果を出していることから、仮に2年間留学した場合、仕事から得られる貴重な機会を失うだけでなく、ビジネスの一線から離れることで成長スピードが鈍化、もしくは能力そのものが減退する可能性が高い、とのことだった。つまり、キャリアにとって何のプラスにもならない、と。

当時、私は30歳になったばかりであったが、ポストＭＢＡとの位置づけである2年間の社内グローバルリーダーシッププログラム（世界で約１２０名の同期がいたが、当時は6〜7割がＭＢＡもしくは同等の修士号保持者であった。現在のプログラム応募条件では、ＭＢＡまたは同等の修士号が必須）をすでに修了していたこと、日系企業でいう部長職相応の職層に昇進していたこと、などからも彼の言葉は説得力があった。

しかし、将来グローバルリーダーを目指したいと考えていた自分にとって、不確実な環境のもと、不完全な情報から正確な決断を下すためには、仕事で経験を積むだけでは足りず、グローバルで通用する普遍的で、原理原則に裏付けされた〝Thought process（思考プロセス）〟を身につける必要があり、体系的かつ横断的にビジネス知識、経営知識を学ばなければならない、と訴えたところ『そこまで言うなら、仕事を続けながらやってみろ。アジアにはいくつかEMBAがある。それであればサポートできる』と言われ、初めてEMBAの存在を知った。

具体的な情報収集方法は、以下の3点で、とにかく関係者から話を聞いた。

①GMAT予備校やエッセイカウンセラーから、EMBAの卒業生を紹介してもらう。

②インターネットで〝XYZ EMBA Japanese〟などと検索し、ヒットした方の名前を、Facebook、Linkedin、Twitterで調べると、ほぼ100%の確率で〝知り合いの知り合い〟であったので、知人に紹介を依頼した。

③直接学校に連絡をし、日本で開催されるインフォーメーションセッションに参加する。

リサーチをする中で、フルタイムMBAでは得ることができない利点を見出し、私にとってはEMBAがベターとの結論に至った。理由としては、

・質の高いピアラーニング

平均年齢37～38歳、ビジネス経験十数年以上、すでに経営者や大組織のミドルマネジメントレベルにいるクラスメイトばかりで、経験と実績に基づいた議論ができる。また、人としての成熟度も高く、特にソフトスキル面での学びを期待。

・学術的な知識がすぐビジネスに適用できる（逆もしかり）

ＭＢＡで学んだことをすぐに仕事で使うことができ、かつ実世界で起きていることを教授やクラスメイトとすぐに議論ができる。

・本当に使えるネットワークがある

クラスメイトはすでに実績を有しているExecutiveであり、すぐに仕事で生かせるネットワークを作ることができる。

・グローバルリーチ

シンガポール以外にも、ロンドン、シカゴにて同様のフォーマットでプログラムが開催されており、授業を受ける機会がある。また、何らかの事情でシンガポールモジュール（短時間学習）に参加できなくても、同じ授業をロンドンで受講可能など、フレキシブルな体制が完備。

どう決断したか、という点については、形はどうあれ『MBA留学』という結論は自分の中で決まっていたが、弱冠30歳、社会人経験10年未満の若造であり、合格者の平均年齢にも届いておらず、Executiveという言葉のイメージからも、私は合格基準に満たない、と感じていた。そこでマインドセットを変え、自分自身をRedefine（再定義）する必要があった。

前述のHRリーダーの言葉にもあったが、冷静かつ客観的に自らの実績と職責を鑑みると、実年齢に比べ、高レベルな仕事をしている自負があり、十分やっていけるとの決断に至った。

恐らく、この点が日本人の弱点ではないだろうか。グローバルでは年齢や職務年数など関係なく、実力社会であることは言うまでもない。まさにスピード感が違うのだ。正確な数字は持たないが、日本人でフルタイムMBAに留学している年齢層は30歳前後が主流ではないだろうか。

一方、欧米トップスクールの平均年齢は年々若返っており、学部卒後2～3年程度働き、24～25歳でMBAに進学するのが主流になりつつある。30歳前後は現場リーダーとして、ある程度の責任をもって実績を出さなければならないレベルなのだ。あくまで個体差であるし、年齢という数字自体が持つ意味は少ないかもしれないが、**世界を見渡してみると、日本とは違う価値観、スピード感で物事が進んでいることを理解すべきである。**

また、仕事との両立となるので、会社（最終的に合格を得るには、『授業には出席させる』というレターを会社名義で提出する必要がある）と家族のサポートが不可欠であった。幸いにも、応援してくれる方ばかりだったので、今となると自ら決断をしたというよりも、周りの方々に背中を押してもらった、という表現が適切だと感じる」

なぜシンガポールの社会人大学院か

「日本の社会人大学院も素晴らしいとは思うが、私にとってEMBAはあくまでグローバルリーダーを目指すためのステップであったので、そもそも日本で学ぶことはまったく考えていなかった。欧米トップスクールの教授陣から学びたい、という気持ちも強かった。

また、グローバルでのブランドという点で、残念ながら国内大学院は無名と言わざるを得ないし、そこでできるネットワークも自分の期待値に届かないと考えていた。

シンガポールにはシカゴ大学以外にも、ＩＮＳＥＡＤが同様のフォーマットでＥＭＢＡを展開し、ＵＣＬＡ／ＮＵＳがJoint EMBAを展開している。香港では、コロンビア大学／ＬＢＳ／香港大学のJoint EMBA（EMBA Global Asia）とケロッグ経営大学院／香港科技大学のJoint EMBAがあり、アジアではいくつかの選択肢がある。

結果的には、シカゴ大学とEMBA Global Asiaの2校に出願、両校とも合格したが、私のバックグラウンドがファイナンスであったこと、シカゴ大学は世界で一番古くＥＭＢＡを開始しておりノウハウが蓄積していること、また、両校ともキャンパスビジットしたが、シカゴ大学の方が圧倒的に求められる勉強量が多かったこと、などの理由でシカゴ大学に決めた。また、出願時に推薦状を書いてもらった当時の上司がシカゴ大学のフルタイムＭＢＡホルダーで、その方の能力の高さに触れていたことと、普段からシカゴ大学のＭＢＡについて色々な話を聞いていたことも意思決定に影響した」

シンガポール通学型ＥＭＢＡの良さと難点

「授業の休み時間、早朝、夜中にメールや電話対応をすることもあるが、『物理的に日本にいない』ということで勉強に集中できる、という点はやってみてわかった利点である。

仮に平日夜や週末に日本で社会人大学院に通っていたとしたら、仕事で不測の事態が発生したときに職場に戻って対応するということもあるだろうが（実際にシンガポール在住のクラスメイトの中には、そのような対応をしているメンバーもいる）、シンガポールで授業を受けていると、いい意味で割り切って勉強に集中できる。もちろん、私が不在でも仕事が回るように上司／部下と信頼関係を作っておくことが前提であり、そのこと自体はマネジメントの基本だと考える。

また、小さい子供がいるクラスメイトが多いが、家族と離れる寂しさがあるとはいえ、やはり勉強に集中するという点を考えると、物理的に家から離れていることが利点になると感じる。当然、勉強に集中できるのは、職場の仲間のサポートと家族の理解のおかげであるし、支えてくれるすべての人への感謝の気持ちがあるからこそ、勉強を頑張ろうという気持ちが強まる。

シンガポールに限らないが、**通学型EMBAに所属することで、時間の使い方が大きく変わったのも利点である**。とにかくアイドルタイムを作らないように、出社前、ランチ、ジムで自転車を漕いでいるときなど、どこでも勉強できるように心がけている。そういった意味では、iPadなどのツールの活用は必須。

さらに、仕事の面でも、今まで以上にアロケーションを意識するようになった。かつては〝猛烈タイプ〟であり、自分が頑張れば何とでもなる、と考えていたところがあった。しかし、それが物理的に不可能になってきた中で、自分がすべき仕事、人に依頼すべき仕事、どうやったらうまく人が効率的に動いてくれるかなど、マネジメントの基本を常に意識するようになってきた。

一方で、海外の通学型ＥＭＢＡとしての一番の難点は、毎回の渡航の厳しさであるが、これは想定の範囲内であったので、やってみて気づいた難点は今のところ感じない。ちなみに、楽だと感じたことは一度もないので、その点は誤解しないでいただきたい。時間的にも金銭的にも非常にタフであることは間違いないので、出席日数、渡航時間、費用など、事前に徹底的なリサーチをお勧めする」

費用はいかに工面したか？

「シカゴ大学のＥＭＢＡにかかる概算の費用は以下の通り。
学費　18万Ｓ＄（シンガポールドル）（税別）＝約１１７０万円（65円換算）※学費、為替レートともに２０１２年4月当時
旅費　約7万円×17回＝１１９万円（21か月の期間中、17回モジュールあり）
宿泊費　約10万円×13回（シカゴ3回、ロンドン1回のホテル代は学費に含まれる）
＝１３０万円
雑費　約3万円×21回（夕飯やパーティー等）＝63万円（朝食、ランチは学校支給）

合計　約1482万円

学費は7回のQuarterly payment（四半期ごとの支払い）となっており、約170万円（税別）を3か月ごとに振り込む。給与は途切れないので、とにかく無駄遣いをせずに学費へ充当している。

個人の財政状況によるが、私は恥ずかしながら貯金があまりなかったので、両親、祖父母、親戚から援助をしてもらった。また、もし自分の収入と親戚からの援助分だけで足りない場合は、妻に助けてもらう可能性もあり。一生彼女には頭が上がらない……。

毎回のフライトで溜まったマイルを使う、友人の家に居候させてもらうなど、できる限り出費を抑える努力をしている。為替変動に影響されるので、S$が60円を割り込んだ頃にかなりエクスチェンジをした。

学校側のスカラシップ（奨学金）はなし。全額or一部社費で参加しているクラスメイトもいる。まがりなりにもExecutiveとの冠がついているので、ある程度高所得層が集まっている印象。特に、東南アジアから参加している連中は、〝超〟が付くほど裕福な人たちが多く、逆に日本人やアメリカ人など先進国出身者はいわゆる中流階級のサラリーマンが多い印象」

今後のキャリアプランは？

「EMBA卒業後、30代、40代はとにかく海外に打って出たい。今の会社は米系グローバル企業であるが、その中でも具体的にはアジアでのインフラやテクノロジー投資のビジネスに携わりたい。

しかし、これだけ不確実な環境であるので、あまり先のことを考えるのは現実的とは思っておらず、その時々にやるべきこと、やりたいことに集中したい。ただし、キーワードとして念頭に置いていることは『グローバル』と『リーダーシップ』であり、ブレずに2点の軸を満たせる機会を常に模索し、果敢にチャレンジしていきたい。

その過程で、誰かにプラスの影響を与えられたらいいと考えているし、日本にポジティブな流れを持ち込めるような仕事をしたいが、それは目的ではなく、あくまで結果であり、自分という軸を見失わず、キャリアを積んでいきたい」

Point!

・ＭＢＡ保有者である上司に「ＭＢＡは必要ない」と言わしめた実績と実力
・目線高くグローバルリーダーを目指す
・多忙の中で時間管理術、家族への想い、集中力を高める
・シンガポールでネットワーキング力も獲得

アメリカ名門ＭＢＡを持つ上司をして「君はもうＭＢＡ保持者以上のレベル。ＭＢＡに行くのはもったいない」と言わしめた人物。そこまで実力を高めたうえで、目線をさらに高くし、周りを説得して、会社にも協力させ、世界の名門で研鑽を積む。仕事での実務能力を維持しながら、シンガポール、そしてシカゴ大というグローバルステージでビジネススキルを詰め込む。自分を追い込み、その中で家族への愛をはぐくみ、時間管理術や仕事術を高める。ＭＢＡより〝大人な〟ＥＭＢＡの中で、アジアの有力人脈を築いたのだ。

アジアのＭＢＡも可能性あり

通学型に限らず、アジアでのＭＢＡ取得は概してリーズナブルである。そして意外とレベルは高いし、キャリアパスも多様だ。

海外生活未体験の人は、いきなり正規留学でなくとも、まずは有給休暇などを活用して、短期の語学研修・ＩＴ研修という名目で旅行に出てみるのはどうだろう？　あるいは、海外支社に転勤になった同期や学生時代の友人を訪ねてみるのもいい。

また、アジアのビジネススクール代表として忘れてはならないのが、グロービス経営大学院。ビジネスケース分析の全国コンテストでも近年日本一に輝き、学生のレベルでも日本一だ。２００９年から英語でのＭＢＡプログラムも開始され、マレーシア、ハンガリー、イスラエル、カナダ、ナイジェリア、フランス、タイ等から幅広く学生が集まっている。これを起ち上げた堀義人（よしと）氏はハーバードでＭＢＡ取得。まさにこの本の趣旨同様、外に出て日本を相対的に見る視野を養い、日本と世界のために行動を起こした人物だ。

この本の趣旨は「外に出ろ」ということだが、例外的に日本にありながら、世界を体験できるグロービスはオススメする。

後に詳述するが、これからの時代、社会人はお金を自己投資に使うべき。社会人になったら倹約につとめよう。それが自己投資の第一歩だ。

・無駄遣いをせず、お金をためる
・誰にも負けない自分にしかできない仕事の能力を磨き、実績を作る
・会社の何らかの支援を得られるくらい会社に貢献する

海外に出るまで、以上の三つに専念しよう。

各種短期プログラムでお試しも

お試しで短期プログラムに参加してみるのもいい。「ファイナンス」「交渉力」「マーケティング」「総合経営管理」等、色々なプログラムがある。3〜4日から1週間、そして1か月と期間も様々。1週間ほど海外にステイして短期プログラムを履修しながらMBAの一部を体感し、友達を作って情報交換してみよう。初めての人に短期プ

ログラム履修の場所としてオススメなのはシンガポール。時差もなく、学生も多様で英語もしっかりしている。香港や上海もいいが、多様性と英語がイマイチ。シンガポールならシンガポール大とシンガポール経営大の短期プログラムをオススメする。チャレンジャーには、インドの短期プログラムをオススメする。特徴は比較的コストが安く、プログラムが斬新なこと。なかでもトップ校のIIMA（インド経営大学アーメダバード校）を紹介したい。インド西部にあるアーメダバードは都市圏人口700万人だが、歴史と現代文明が交錯するカオスのような街。チャレンジしてみては？

私が顧問をしていた上海の中欧国際工商学院・CEIBSもオススメだ。ランキングはアジアナンバーワン。上海人脈を作るのにいい。ただ、多様性と英語の充実度がシンガポールやインドに比較したら発展途上かもしれない。

海外で働くために備えるべきこと

海外起業はグローバルチームで！

何を誰とやるかによるが、海外起業はハードルは高い。コミュニケーションは英語になるし、多様性高いチームから始める必要がある。海外の商習慣を理解し、狙う市場を熟知する必要もある。お金も現地で集める必要もある。

そういう意味では「日本で成功してから海外へ」という議論も一理ある。しかし、多くの日本国内で一定の成功をした、日本のメディアにもてはやされた楽天やメルカリやLINEなどの日本生まれのスタートアップが次々と「日本で成功してから海外へ」の法則で海外進出を狙うがことごとく苦戦している。

それもそのはず、日本市場はかなり特殊なので、日本での成功は、その要因やそれをもたらした人材が、海外では同じような結果をもたらさないのだ。日本市場に適応しすぎると海外では成功が難しくなるのだ。

ということで、ケースバイケースだが、海外で成功するためには、最初からグローバルチームで世界で始めるという選択肢の方もよさそうに思う。そのためには、最初から、英語でその市場や商慣習を熟知する外国人も含んだチームで出発することが不可欠だ。

日本生まれ、日本育ちでありながら、海外起業を目指す人が増えるには、国内に世界起業できるスタートアップエコシステム（企業や研究機関などがネットワークを作り、スタートアップを生み発展するシステム）ができることが必要だ。私はその野心を持って地道に努力を続けている。

私がアドバイザーをしているグローバル・インディアン・インターナショナル・スクール（GIIS）は、インド系の枠を超えて世界最大のインターナショナルスクールチェーンになった。日本を含め11カ国に65のキャンパスを持ち、4万5000人の学生が学んでいる。

ここのアドバイザーを真剣にしているのは、この学校自体を日本で本物のスタートアップエコシステムの基盤にしようとの野望があるからだ。

サッカーと同じで、起業家としても若いうちからしっかり選抜して育成して世界の舞台に立ち続ければ十分やっている日本人の子供たちはいる。そして最初から当たり前に世界を狙うには、英語が当たり前で最初から日本人以外とチームを組んでいくことが最低条件になる。

そうなると、小学生くらいで優秀な外国人と学べるコミュニティが日本に不可欠。それがＧＩＩＳだ。数学とサイエンスに強く、全部英語で学ぶ。そしてシリコンバレーから本国インドまで世界のテック起業市場を席巻するインド人材と小学生時代から机を並べて学べる。

日本にいる欧米人は色々だが、投資銀行、渉外弁護士、ＩＴ業界、コンサルティング等々、日本におけるインド人コミュニティはかなり世界の上澄みの人材が集積している。その子供たちもとても優秀だ。日本を舞台にこういう人材と切磋琢磨し友情を育めるのはＧＩＩＳがベストだ。

サイエンス、数学、起業家教育を小学生から当たり前にやっているだけでなく、人口が巨大で競争が激しく、多くのインド生まれの人たちが世界中で活躍しているので、子供たちの独立心も旺盛で行動力もけた違い。

そして世界中に多くのキャンパスを持つので、違う国に交換留学できる制度も充実しつつある。その割にこの学校の学費は日本にある他のインターナショナルスクールと比べて格安である。

まだ時間はかかるが、意外に早く出来上がるかもしれないので、日本生まれ、日本育ちでも、いきなり世界に起業家として打って出られるかもしれないこのエコシステムに期待してほしい。

さて、海外起業で留意すべきは、怪しいエージェントやフィクサーである。日本人でもいるし、日本語を巧みに操る現地人でもいる。「私は王室の親戚」とか「元商社マンで政府にコネがある」とか怪しい人がけっこういる。海外で起業の準備等始めると、間違いなくこういう人たちが話を聞きつけてアプローチしてくる。大使館や領事館やジェトロを通じて身元確認をした方がいいと思う。

私も議員時代、だいぶ身元照会をやった。本当に怪しいフィクサーやエージェントは後を絶たない。そんな人より現地で奮闘する起業家や駐在員のSNSを追跡し、書いてあることから判断して信用できると思ったら、その人に会いに行くのもいい。SNSを継続して読んでいれば、その人の人間性はけっこうわかると思う。逆にそれもわからないくらいだったら、海外でもだまされる可能性が大きいので、そういう人は海外起業など考えない方がいいかもしれない。

そして、自分の武器でどのような事業が展開可能かその目で見てくるのだ。見るべきポイントは以下の三つ。

- **自分の武器を活かすことができる**
- **ある程度の市場規模が継続的に見込める**
- **その市場で自分の武器を使えば多くの人を幸せにできる**

この基準で考えたらいいと思う。

なお、いきなり起業、ではなく海外の企業に就職するという選択肢も当然ある。どちらかといえばこちらのほうがハードルは低そうに思えるが、「日本に拠点のある企業に採用され海外駐在へ」という形でない場合は、なかなか難しい。

海外企業は、語学とビジネススキルのユニバーサルな証明がない限り、まず人を採用することはないからだ。ちなみに日本での学歴はほとんど評価されない。なので、海外経験がなく、特殊なビジネススキルもない人は、ユニバーサルな証明を得るために、やはりＭＢＡなどの留学から地歩を築くのがオススメの方法だ。

経験あるシニア世代こそ海外飛躍のチャンス！

海外進出は何も若者の専売特許ではない。海外に出て活躍できるか否かは、以下の点がクリアできるかが重要だ。

・身軽であるか？
・海外で買われる武器があるか？
・語学を含めた海外対応力はあるか？

身軽であることは第一歩。いかに海外への想いがあり、準備ができていても、家族の反対や身内の出産や介護とタイミングが重なったら、動きが取れない。そういう意味で、「未婚で扶養家族もおらず、親も元気なうちに」動くべしと思う。

しかし、これは別の世代でも当てはまると思う。それはシニア世代だ。子育ても親の介護も一段落した元気なシニア世代はたくさんいる。海外で生き抜くための評価される武器は、若者より経験豊富なシニア世代の方がずっと持っていると思う。

語学を含めた海外対応力の面でも、シニア世代は海外駐在や海外出張の経験があるだろうし、企業派遣留学のはしりの頃の体験者もいるだろう。健康の面でも、今の若者に負けない体力や健康維持能力を持っている人も少なくない。効率よく働く（うまく手を抜く）コツも熟知している人も多いから、若い頃の体力がなくても仕事の成果は出せるだろう。

日常業務や出張で、海外進出に有効な幅広い人脈を作っている人もいる。実務上の経験値の豊富さから、事業や潜在パートナーの可能性を経験値の低い若者より的確に判断できるはずだ。

資産も若者よりあるだろう。あくまでも平均像だが、若い世代は所得が低いうえに奨学金やローンなどの借金を背負っていることが多い。これでは身動きが取れない。一方、シニア世代はそれなりの資産を持ち、これに年金も加わる。シニア世代の貯蓄や年金は海外でこそ活用価値が大きい。

フェイスブックやグーグルに見られるように、起業は若者のものと思わせるアメリカ。しかしそのアメリカでも、成功する起業家はシニア世代に多い。起業家研究で有名なコフマン財団のデータによると、アメリカで起業家の割合が最も高い年齢層は55〜64歳。55歳以上の人が起業を成功させる確率は、20〜34歳の人より2倍近くも高い。

例えば農業。私が会った経営的農業をやっている若手は、高齢者を中心に日本の農業者の海外展開を訴える。「日本の高齢農業者こそ世界展開に向く。経験やスキルはもちろん、多くは山や森をゼロから開墾して、何もないところから農業をやってきたたくましい世代。彼らこそガッツがあり、世界どこでも活躍できる経験を持っている」と続ける。これは面白い。

メーカーの技術者も引く手あまただろう。アジアの新興国ではこれから農林漁業から製造業に経済がシフトしていく。日本の「ＡＬＷＡＹＳ　三丁目の夕日」の時代だ。

その頃にモーレッサラリーマンであった日本のシニア世代は、懐かしさと時代感覚を持って、新興国の工業化に貢献できるのではないか？　インフラ整備でも、建設会社やプラントメーカーのシニア世代に期待が高まる。日本の優れた社会インフラを整備し維持点検してきたノウハウは、新興国がこれから求めるものだ。原発技術者も日本では働く場所がどんどんせばまるが、インドや中国等のアジアの新興国ではこれから原発建設が大量に予定され、設計施工、維持管理のエンジニアが足らない。彼らは前項で述べた若者たちとは違い、海外の有力企業で職を求めることもできるだろうし、コンサルタントとして独立開業して顧問業を請け負うスタイルもできる。

行動した人にだけ道は開ける

あまりにも京風の出汁（だし）が利いた料理が美味しい、シンガポールの京風割烹料理店でのお話。

聞いてみるとこのシェフは某大学工学部機械学科卒。エンジニアの道から和食の道へ転換し、京都からシンガポールへ。日本への往来がほぼコロナ禍前にもどり、東南アジアから日本へ観光客が殺到しても、このお店の人気は衰えていない様子だ。

「お客さんの多くはインドネシアの大金持ち。またはシンガポールの資産家。日本人は1割以下」だという。

私が初めてこの店に来た時も、クレイジー・リッチ・アジアン風の若者たちが昼間からシャンパンを開けまくっている様子に圧倒され、私は無料の緑茶をお代わりしていた。

「京都や東京の後輩たちに声をかけても、海外に出るのを億劫がっているというか、怖がっている感じなんです。こっちに来たら色々と面白い出会いもあるし、日本では出せないような派手な素材の組み合わせで、面白い料理も開発できます。その料金を何とも思わない人ばかりですし」

私がお世話になっている美容室のオーナーもデザイナーさんも「こちらに来てよかったです。値上げも当たり前にできる。後輩たちにも声をかけていたんですが、その間にビザの基準が高くなって、もう日本人スタイリストはシンガポールに簡単に来られなくなってしまいました」という。

日本のニュースを見ていたら、「赤字覚悟。老夫婦が頑張る街の洋食屋さん特集」などといって、何十年も変わらない安値で料理を出しているお店を称賛するようなテレビ番組が放送されていた。

〝赤字覚悟〟なんて、果たして商売だろうか。この老夫婦はおそらく年金受給者だろう。お店の2階に住んでいて家賃もいらない。

こういう店が称賛されたら、若いシェフが高付加価値で家賃払って近所で勝負することはできない。しかもこの老夫婦の年金を払っているのは若いシェフたちなのだ！

先に紹介したシェフは工学部機械学科から思い切って「料理こそ最高のサイエンスであり、アートだと思いました」と舵を切り、京割烹のシェフへ転身。そして京都からシンガポールへ。

「自分自身はもちろんのこと、子供のためによかったと思っています。シンガポールで、ものすごい勉強して、英語・中国語・日本語がベラベラです。子供に未来へのたくさんの選択肢を与えられたこと、そこが一番よかった」

人生はやったもん勝ちだ。行動した人にだけ道は開けるのである。

もちろんシンガポールがすべてではない。アメリカもオーストラリアも欧州もある。日本人の職人芸は、世界の富裕層に絶対日本でより高く評価されるだろう。

日本人が海外で活躍できる職業はこれだ！

日本でしか通用しない妙な起業家になるくらいなら、一流の寿司、ラーメンなどの職人、パティシエやバーテンダーになった方が世界で活躍できる。

私がアメリカ滞在中にユニコーン起業家やキャピタリスト等から最も依頼を受けた案件は、「一流の寿司、ラーメンのシェフを紹介してくれないか？ パトロンになりたい」というもの。データサイエンティスト、エンジニア、科学者、日本のスタートアップとの連携が欲しいという依頼は、残念ながら一件もなかった。

日本の若者の生きていくべき道がはっきり見えたかもしれない。ある意味、明るい話だ。彼ら富裕層の作りたい店で働けたら、もちろんビザも出るし、待遇も半端ないし、やりようによっては色んな意味で大成功するかもしれない。顧客リストも彼らの友人中心なので半端ではない。

海外の真似事スタートアップではこうはいかない。やはりご先祖様が築いてくれた日本の食文化で勝負。そこに、はやりのオーガニック、グルテンフリー、SDGsなどの付加価値を加えて、高級な和食やラーメンを富裕層が住む場所で日常展開したらいいのではないか。

そもそもDX（デジタル変革）を教えられるトレーナーが少ない日本で、中途半端なDX人材を目指してもアップサイド（上振れる可能性）はほとんどない。**同じ時間と労力を投資するならば、世界超一流の和食シェフやラーメン職人やパティシエから学ぶべきだ。**調理師学校やラーメン屋さんに行って基礎を叩き込もう。その方が世界に出て成功できるはずだ。

世界中のおおらかなお金持ちがこんな人材を欲しがっているのに、日本国内で世界一安い値段で、世界一文句が多い顧客ばかりを相手にしていていいのだろうか。

流暢な英語ができなくても、愛想があれば十分。日本ではありえない超お金持ち相手のホスピタリティ産業は絶対に楽しい。

第4章

海外進出の本当の果実

お金・言葉の問題をどうするか？

資金繰りこそが海外生活の第一歩！

海外へ出たいが出られない人の言い訳の代表が、「お金が工面できない」というもの。私はそういう人は外に出ない方がいいと思う。外に出るための資金調達には、海外でやっていくためのあらゆる要素が含まれているからだ。国内での資金調達こそが、海外でやっていく予行演習だ。

計画性、駆け引き、面の皮の厚さ、経済計算、調査能力、熱意の表明等。これらがない人は海外ではうまくいかない。国内で海外へ出るための資金調達ができない時点で、海外でのサバイバル力が不合格と判定されたようなものだ。

まず貯める能力。**自らの生活態度をあらためる無駄な出費を見直し、必要な支出も精**

査し、貯金を捻出する。何かと誘惑の多い現代に、これを持続するためには、生活態度の改善を含めた強い意志が必要である。

次に、家族や友人や、場合によっては会社や大学側に資金協力を申し出る能力。われわれ奥ゆかしい日本人は、親しい人ほどお金の工面の話はしにくいものである。留学資金や起業資金を借りるなんて、面の皮を厚くして、熱意と説得力ある数字に基づいたプレゼンをしなければとても叶わない。

そして調査能力。**民間から公的なものまで、融通の利く奨学金やローンを徹底的に調べる力だ。**

留学の奨学金に関しては、ロータリー財団やフルブライト基金に加えて、昨今では経団連等の経済団体が提供するものもある。また、自分の持つ資産で現金化できるものを洗い出し、最も高く処分できるように調査研究することもオススメする。

こうやって資金を作ってやりくりする能力が問われる試練に立ち向かっていけば、ある意味、海外での生活なんて大した困難ではないかもしれない。

私の例で言えば、米国留学のときに、奨学金の対象ではなかったのに、強引に大学側を拝み倒して300万円ほど奨学金を出してもらったことがある。これは経済計算や駆け引きというより熱意だけでやった。某名門大学を口説き落とした経験は、今でも海外で妙な自信につながっている。

公的な留学支援についてだが、2023年度の文部科学省の予算によれば、我が国の留学支援の予算は約330億円。そのほとんどが実は海外からの留学生の受け入れの予算だ。日本人を海外に送り出す予算は80億円弱に過ぎない。英語のプログラムが十分でない日本にお金を積んで無理やり外国人留学生に来てもらうよりも、日本のことを考えたら、日本の予算なんだから、日本人に使うべきだ。日本人が海外で羽ばたく予算が年間330億円あれば、毎年3万人以上に留学資金100万円を支給できる。この点について、国はお金の使い方を間違っていると思う。

英語は詰め込み！　詰め込みは一気呵成に！

われわれの未来は二つに分かれる。「英語ができる人」と「英語ができない人」のどちらかだ。

君らはどちらになりたいのか？　できる人には、待遇が上がる可能性、幅広い選択肢、広い世界を見るチャンス、多様な出会いと人脈等々色々とついてくる。一方、「英語ができない人」には厳しい待遇、少ないチャンス、ローカルでいつなくなってもおかしくない仕事しか待っていないと思う。

経済的で携帯可能な翻訳機も登場しつつあるが、これが事実であろう。英語を含め語学に近道はない。人間の母語学習は胎児のときから始まっている。そして義務教育で仕上げられる。どんな国のどの人種でもそうだ。それだけ歴史があり、生活に密着した言語を、違う母語を持つ者が習得しようというのだから楽なわけがない。

特にわれわれ日本人にとって、英語学習は非常に困難なものである。なぜなら、私たちが使いこなしている日本語こそが、世界的に見て非常に珍しい言語だからだ。四方を荒海に囲まれた島国、日本。この国の母語、日本語は世界中どの語族にも属さないユニークな言語なのだ。強いて似ている言語を探せば、文法は朝鮮語やトルコ語に近いが、音韻は、ハワイ語やフィンランド語に近い。

ひらがな、カタカナ、漢字の三つの文字を使いこなし、尊敬語や謙譲語もこれだけ複雑で、微妙で繊細な表現が多い言語は他にない。助詞・助動詞の種類が非常に多様で、動詞・形容詞の語尾変化も複雑だ。母音重視の発音が多いので、子音の聴き取り能力が低い。

日本語はアートの世界だと思う。それだけ素敵な言語で私は心から愛するが、世界に広がるには課題の多い言語だとも思う。それに比べたら英語は非常にロジカルでシンプルな言語で、まさにツール（道具）に相応しい。だからツールとして世界語になっていくのだと思う。

私が人生で初めて海外に滞在したのがスイス。そこで4か国語、5か国語を使いこなす人々にたくさん出会い衝撃を受けた。しかし、その後自分がフランス語やスペイン語を学習してみると、「欧州語同士は方言のようなものではないか」と思うようになった。それくらい関連学習で急速に上達できた。

私の実感としては日本語を完璧に話すだけで、また、日本の新聞や小説を読みこなすことができるだけで、欧州語三つか四つ使いこなすことに匹敵すると思う。それくらい欧州語同士は似ている。だから彼らは上達が早い。欧州語を三つ四つ話すことより、日本人が英語を使いこなすことの方がよほど離れ業だと思う。

何が言いたいかというと、まず「日本人にとって英語を使いこなすことは大変だ」と思ってほしい。だから、なかなか思うように上達しなくても気にすることはない。それくらい大変なチャレンジをしているのだから当然だ。ただ、本当に英語を獲得したかったら、素晴らしいが特殊な言語で育った日本人にはハンディがあると自覚して、何倍も頑張るしかないのだ。

私や、後述する村上憲郎（のりお）さんのような遅咲きでも英語はマスターできたように、絶対誰でもいつからでも、やればできる！

では、どう頑張ったらいいのか？　とにかく詰め込むのだ！　安易な教材や学習法を信じてはいけない。「聞き流すだけで英語をものにできる！」なんていうキャッチフレーズを聞いたことがあるだろう。ひょっとしたら、そんなやり方でうまくいった人もいるかもしれないが、多くの人には有効な学習法だと思わない。優しい言葉は商売っ気見え見えだ。優しい言葉を信じないようにしよう！　そういえば、「優しい言葉を信じない」は海外生活の一丁目一番地のルールでもある。

英語に限らず、中国語でもスペイン語でも短期に取得している人は、楽しようとせずにものすごい勢いで詰め込んでいる。語彙も表現も発音もすべてである。英語は筋トレのようなものだ。基本的にはコツコツと単調な正しいやり方で時間をかけて積み上げていくものだ。

ここで宣言しよう！

大事なものは簡単に手に入らない。そして苦労して手に入れたものは簡単になくならない。

これこそ英語なのだ！

英語で話すときは人格を変える

「将来はテクノロジーが何とかしてくれる」と思っている人もいるかもしれない。しかし、やはり自分の想いは自分で話せた方がいい。語学ができることは認知能力も引き上げてくれる。

私は英語に切り替えるとき、人格も変える。より理路整然と結論から話し、相手によりリスペクトを抱きながらもチャレンジしていく。はっきり言うべきときはリスペクトを忘れずはっきり言う。英語ならではの間接的な言い回しは、日本語よりある意味間接的だ。違う自分になり切ることで脳が発達している感覚がある。

私の強烈なトレーニングになっているのが、ＣＮＢＣやＢＢＣへのコメンテーター出演だ。早口なアンカーの難解でたまに的外れな質問に、5～10分の中で正確に言い倒さないといけない。つまらないことを言えば話を遮られ、二度と呼ばれなくなる。

日本語で日本人だけを相手にビジネスをやっていても、日本の人口動態・経済財政状況を考えれば、今後はスケールアップしない限り、とんでもなく厳しくなる可能性がほとんどだ。21世紀の東南アジアに暮らして日本語だけで日本人相手にビジネスをやるのは、全くサスティナブルではないということが実感を持って感じられる。

日本国外の草原で自ら餌を狩る訓練をしておかないと、今のところ快適なガラパゴス日本で飽食していても、将来は危うい。そのための最低のスキルが「英語力」だ。

それは、英語という受験科目が得意苦手という次元ではない。そういう意味でも、「英語で暮らしビジネスする」環境に早く自分をぶち込んだ方がいい。

詰め込むなら〝村上メソッド〟が一番！

私が最もオススメしたいのは、敬愛する村上憲郎さんの『村上式シンプル英語勉強法』だ。村上さんはグーグルの日本法人のトップに上り詰めた人。グーグル本社でも副社長まで行った人物だ。現代を代表するグローバル企業で最も出世した日本人と言って間違いない。

この村上さんは、何を隠そう英語を学び始めたのは31歳から。それまで海外に出たこともなかったという。遅咲きの村上さんがあらゆる教材と勉強を試して悪戦苦闘しながら、自分で編み出したのがこの村上式英語勉強法。帰国子女や外国人が提唱する勉強法ではなく、多くの平均的な日本人と同じように英語に苦労していた人物が、苦悶しながら生み出し、グーグル本社で評価されたという実績を作り出している勉強法だ。30代まで英語がまったくできなかった村上さんだからこそ説得力があり、間違いないものだと確信する。

村上式の理念は一言で言えば、「数値目標を掲げ、一気呵成(いっきかせい)に詰め込む」である。

①英語を読む　②単語を覚える　③英語を聴く　④英語を書く　⑤英語を話す

これらの五つのステップを同時並行で進行させ、3年間でマスターすることを目標とする。

①については、まず英語300万語を読む。小説30冊、ノンフィクション15冊相当を息継ぎなしで読む。一文一文を翻訳するのではなく、わからなくてもどんどん読み進めるように。

②は、毎日1万語を「眺める」。繰り返すことで刷り込んでいく。

③は、トータル1000時間。筋トレの要領で、自分の聴き取れる限界以上のものを聴き続けることで、聴力を鍛えていく。

④は、「英作文」とタッチタイピングを身につけること。使える英文をストックしてフォーマットを蓄積、状況に応じてアレンジできる能力があれば十分だとする。

⑤は、「あいさつ」「依頼」「質問」「意思表現」「相手の意向を聞く」5パターンの基本の表現を覚えること、自分および自分の関心事で100の英文を「英借文」し、丸暗記。

「村上式」は、厳しい。厳しいのは村上さんではない。厳しいのは現実の世界である。だから厳しさを告げてくれて、その上で厳しい勉強法を勧めてくれる村上さんこそが、本当に配慮がある優しい人なのだ。

村上式は「つべこべ言わずとにかくやり切る」しかない。相当にハードだが「村上式」を無我夢中でやり切れば、ある日、突然「話せ」「読め」「聞け」「書ける」自分に驚くだろう。無心で打ちっぱなしで10万球打って、コースに出たとき、いきなりナイスショットの連発になるような感覚だ。

村上式で得られるものは英語だけではない。達成感と癖である。頑張って英語を獲得した達成感は、あなたにコツコツ努力するという癖をつけてくれる。これは人生で最も大切な癖だと思う。

この癖がある限り、あなたは何をやっても成功する。村上式はあなたを人間として成長させてくれるのだ。

英語の勉強はこれだけ安く豊富になっている！

英語の勉強の最大の敵の一つはコスト。いろんなテキストや勉強法や学校を試しているうちにチャリン、チャリンと資金は消費されていく。しかし、私が大学生の頃に比べて、英語の勉強は格段に安くて種類も豊富になっている。

・NHKの英語学習番組

NHKの英語学習番組はとても有効だ。どの番組でも、生徒のニーズに合わせた教え方をしているし、最近はなじみのあるタレントを使って、課題を等身大でわかりやすく理解させるようにできている。

NHKの受信料を払っていれば、あとはテキスト代だけで勉強できるのもエコノミー。テキストも進捗度を測りやすく、反復学習しやすいように教材としてよく編集されている。テキスト代も安価だ。予約録画しておけば決められた時間にテレビの前にいる必要もない。

ネットでサイトを見れば、ポイントはオンデマンドで学べる。様々なレベルの番組ラインナップがあるので、自分のレベルや目的に合わせて試してみよう。

・ラジオによる英語学習番組

NHKラジオの英語学習番組はテレビと同様かなり使える。Podcastになっているので、スキマ学習に最適だ。米軍向けラジオ放送のAFNを聞き流すのも気分転換勉強法としてオススメだ。音楽番組が多く、初級者には内容が難しいが、アメリカ英語の感覚やリズム感を得るには悪くない。受信できる範囲が限られているのが難点だが、活用しない手はない。

またNHK英語学習の学習支援ツール、ゴガクルに無料登録するのもいい。登録は番組のサイトから簡単にできる。ゴガクルに登録すれば、自分の覚えたいフレーズを多くの番組のバックナンバーから、手軽に探せる。さらにゴガクルに「覚えたいフレーズ」として登録すると、そのフレーズを宿題として課してくれる。また、SNSで試験も出してくれるので便利だ。

・オンラインメディア

昔と違って今はオンラインで世界中の英語メディアにアクセスができる。ニューヨークタイムズからエコノミスト誌からWSJ（ウォール・ストリート・ジャーナル）まで、無料でアクセスできるニュースも少なくない。エコノミスト誌はスマホのアプリをダウンロードすると、オーディオ機能で画面で文字を追いながら内容を聞き取ることができる絶好のトレーニング教材だ。内容も見事な政治経済分析記事が多く、最新の世界情勢の勉強になる。

ＢＢＣやＣＮＮや日経ＣＮＢＣも、ネットやスマホで番組の一部がビデオで見られる。ＮＨＫワールドもオンラインで視聴できる。

ＴＥＤ（テクノロジー・エンターテインメント・デザイン）という英語講演の様子をネットやスマホで視聴するのもオススメだ。これは新しい技術や思想やデザインについての、著名で影響力ある講演者による英語でのプレゼンの動画。内容も「最新の技術のわかりやすい紹介」や「その技術がわれわれの生活や社会をいかに変えていくか」について、非常に飽きさせないシンプルで楽しいものが多く、ためになる。日本語でのテロップも出るのでわかりやすい。

私が好きなのは、ハフポストというオンラインメディアのサイト。世界中の著名なブロガーが辛らつでストレートな意見を述べていて、「今の世界」を実感できて面白い。

とにかく無料で世界中の英語メディアにこれだけアクセスできる時代を活かさない手はない。

「英語の情報が少なくて」なんて言う人がいるが、それは本気で探していないだけだ。今の日本は朝から晩まで無料で英語漬けにしようと思ったら簡単にできる。ネットを使って英語だらけの環境に自らを楽しく追い込もう。

・英米の映画やドラマ

映画やテレビドラマの英語は難しい。外国人向けのよそ行きの言い回しではなく、ドメスティックな本気の内輪の言い回しになるからだ。ビジネス英語と比べても、はるかに多くの語彙と表現をマスターしないと使いこなせない。しかし、グローバルに活躍したいなら、これら本気の英語の言い回しにも慣れておく必要がある。

くだけた口語表現やスラングを、字幕を出して視聴しよう。日本語字幕で慣れていって、上級になったと思ったら出すのは英語字幕。これでリスニングを確認しよう。アメリカ人が視聴してもわからない最新の表現や地方訛りだってあるくらいだから、一回聞いてわからなくても気落ちする必要はない。

上級者向けのトレーニングとしても、AFNのような英語の雰囲気に慣れる意味でもテレビや映画はいい。また映像で、海外の生の雰囲気や慣習や付き合い方などが理解できる効用も大きい。お気に入りの俳優のお気に入りの言葉を表現として覚え、海外で使ってみるのもいい。

・NHKニュースを英語で聞く

NHKテレビの一部のニュースは2か国語対応している。日本のニュースを日本語でフォローしておいて、そのニュースを英語で聞くと、表現や語彙の学習になる。ニュースの内容は堅いものが多いが、実はドラマや映画より簡単に理解できる。どんな国でも、格式あるニュース番組はくだけた口語表現やスラングは使わない。そして映像から何を伝えたいのかも類推できる。次に何が起こるかわからない展開にしてあるドラマや映画より、視聴者にわかりやすく編集してあり、明確に内容を伝えやすくしてあるニュースの方が理解が楽なのは当然だ。

NHKの大きなニュース番組は手堅いニュースばかりなので、初心者でも英語で聞いていて理解できると思う。スポーツや天気予報も、映像から内容がわかりやすく伝わる割に普段使わない表現や語彙が多いので、それらが学べていい。

・ビデオ通話サービスを使ったオンライン英会話

スカイプなどを利用したオンライン英会話もオススメ。今や激戦ビジネスだが、その競争のおかげで料金もサービスもバリューが増している。私もこのサービスを試したが、アメリカ英語に近い正確な発音のフィリピン人で、母国の名門大を出たとても感じのいい先生だった。

24時間予約可能で、空きさえあれば直前でもレッスン可能なプログラムも多い。お手頃な値段で自分主体のフレックスタイミングなので、まさにスキマ時間の活用に有意義だ。マンツーマンにできるので、他人の目を気にせず、失敗を恐れず果敢に、覚えたての表現や記憶の怪しい単語を使って話してみることもできる。ただ、テキストがなかったりあっても不十分だったりするので、自分が学びたい表現やシチュエーションを事前に自分で構築し、目的をしっかり設定してからやるのがいいと思う。

世間話だけですますのも、英語に慣れるという意味ではいいかもしれない。上級者なのに、仕事が多忙で英語を話す機会に恵まれない人にも、まとめて会話力の回復トレーニングになるからいいと思う。色んな事情で外へ出られなくても、スカイプを通じ世界と触れ合う意義は大きい。

いかにモチベーションを保つか！

語学学習で最も大切なのは、モチベーションの維持。なぜなら非常にコツコツと地味な単純作業を積み重ねていくしかないので、飽きが来たら終わりだから。単調な反復練習は、根気（モチベーション）維持しかコツはない。

数字の目標を掲げて常に挑戦するのもいい。自分の途中経過を知ることにもなる。それには試験を受けること。望ましいのはＴＯＥＦＬ。これは世界的に認められた試験で、英米の大学・大学院の入学資格にもなる。問題はレベルも値段も高いこと。なので、最初はＴＯＥＩＣでも英検でも国連英検でも構わない。定期的に受けて進捗状況を見てみよう。

コンディションさえ悪くなければ、努力した成果は必ず数字で出てくる。

できれば、**共に英語を学ぶ仲間も作ろう**。励まし合い競い合うこともモチベーション維持には欠かせない。成長にはライバルや仲間がいたほうがいい。ライバルは自分より20%くらい力が上の人を選ぼう。あまりに相手と実力が違いすぎると、競争意欲は湧かない。やや上にいる人の背中を追うのが理想的だ。

仲間やライバルは身近な人から見つけてもいいし、SNSで知り合ってもいい。試験の得点を競い合うだけでなく、勉強方法の意見交換もして、刺激し合おう。互いに高め合える仲間を持てば、モチベーションは維持向上できる。

勉強法が定まらなければ全部やれ

英語の勉強方法はそれこそダイエット法と同様、無限にある。村上式がいいとは思うが、それに合う人も合わない人もいるはずだ。モチベーション維持のためにも、飽きっぽい人は色んなやり方を〝浮気しながら〟試しているはずだ。何を隠そうこの私も、負けず嫌いなのだが、同時に飽きっぽい性格なので、モチベーション維持には相当苦労した。結果として色んな英語勉強法を試してきた。

高価なテープやテキストを打ち捨て、あらたなビデオを購入したり、学校へ行ってみたりと、色々試してつかんだことがある。それは飽きっぽい人間は、浮気しながら、どんどん突き進めということだ。前述した通り最も大事なのは、モチベーションを維持すること。勉強法へのこだわりは全然大事ではない。勉強法に一途になるがゆえに、モチベーションが落ちてしまっては本末転倒だ。

勉強法が定まらない諸君。ドンドン浮気しなさい。浮気してもいいからモチベーションは維持してくれ！

最後に一言。**英語を学びたい人にとっては、日本は今、「史上最も恵まれた環境」にある。**

こんなに多くの英語メディアや英語学習法に、格安または無料でアクセスできる時代は今までなかった。ひと昔前は、教材はバカ高く、種類も少なかった。勉強法も情報共有なんてかなり親しい周りの人と以外できなかった。それが今ではＳＮＳを使えば国内外で情報共有ができる。

時代と技術に感謝して、英語をどんどん詰め込んでほしい。

旅は最強の自己投資である

お金を使うべきは「旅行」「健康・運動」「勉強」

富裕層を知り尽くした方から、これからお金持ちがお金を使うのは三つの分野しかないという話を聞いた。

それは、旅行、運動・健康、勉強だ。

私もまったく同じ気持ちである。上記の三つ以外何も買っていない。私はいつも同じようなものを着て、家や車やアートどころか時計も財布も持っていない。

旅行にはとにかくお金をかける。旅は本当に私を満たしてくれる。旅する前の高揚感、見慣れない風景を見ているときのワクワク感、その風景や気候ならではの食材をいただく幸福感。別に宇宙に行かなくても、地球で知らない場所はまだまだある。旅する目的もたくさんある。

運動もそう。最近は近所の24時間ジムに通いまくっている。頭の中を空っぽにするのに運動はいいし、逆に血流がよくなるのでオーディオブックで朗読を聴きながら運動すると頭によく入る。コツコツと単調に努力することで結果が伴わないことは多々あるが、筋トレだけは１００％誰にでも結果をもたらしてくれる。

勉強。私はシンガポールの他には日本、アメリカ、ドバイやスイスなどで教鞭をとっている。教えることは最高の学びなのだ。私は最近までありえないくらい無知無学だったので、今になって色んな知識を取り入れる楽しさや意義を痛感し、それらが血肉となり人生が豊かになっている。

中でも旅は最高の自己投資だ。

人生はハプニングの連続。思いもよらぬ展開しかないのが人生。あらゆる人の人生がそうであろう。起こってしまったら、人は適応しようとして前の状況を忘れていくもので、とてもそうは思えないかもしれない。しかし思い出してみると、予想外のことしか起きていないはずだ。人間の未来予測能力はそれくらい未熟なものなのだ。

楽しくその訓練ができるのが旅だ。**旅は人生のハプニングを濃縮して起こしてくれる。**ハプニングとは面白いもので、それ自体が成長の機会であり、うまくやれば大チャンスに変えられる。

加速して成長したかったら、思い切り遠くの全然違うカルチャーの中に飛び込むことをオススメする。そういう場所に行くときには相当な量の情報を収集してシナリオを用意して向かうものだが、それでも起こることはたいていわれわれの予想を超える出来事だ。

「ゆっくりはスムーズ、スムーズは速い」と丁寧にハプニングに対処していると、様々なソリューションが頭に浮かびあがる。メンタルもタフになって心が落ち着いていることもわかる。

世界のお金はインドへ向かう

インドが凄まじい。インドには、100万人以上の都市が36数個、200万人以上が18個、500万人以上が40個、1000万人以上が3個、2000万人以上の都市が2個ある（2020年）。

しかも、これらが増え続けるのだ。インドは2023年、中国を抜いて世界最大の人口になる。デジタル田園都市とか浮世離れしたことをいっている某国と違ってこれから16億人以上の都市化がさらに進む。なにせ総人口の過半数が30歳未満という若さなのだ。

もちろんこんなに若くて巨大な人口を都市に抱えることはリスクが大きい。しかし、ダイナミックな人口100万人以上のスマートシティが100個以上インドだけでできる。

私はインドの多くの人口に住宅を供給するプロジェクトに投資しており、欧州の一国分に匹敵する規模のプロジェクトが生まれ続けている。

コロナ禍を経て、インドのミドルクラスも清潔でジムやプールやテラスを持つアパートを求め、シンガポールのノウハウでそれらをデザイン建設し始めている。非常に若い国だが、絶対数でいえば、都市部でも高齢化が進む。けた違いの数字である。

世界最有力のプライベート・エクイティファンドの顧問委員会にも入っている知人

が、彼の組織が出した今後20年の世界の資金流入予測を共有してくれた。世界のお金は圧倒的にインドへ向かうという。20年前の中国への資金流入を上回るらしい。もちろん、インドにも課題は多くある。だからこそお金が集まりそれを機会へと変えていく。

これはある意味わかり切った流れだが、なぜか日本のビジネスリーダーはまだ様子見の人が目立つ。もちろんインドへの投資には色んなリスクがある。

インドで学んだ「うろたえない力」

私もインドの住宅建設に投資する中で、信じられないようなハプニングの連続に呆然としてきた。ありえないアクシデントの連発に神経をすり減らした。それでも何とかなりそうである。インドの場合は一喜一憂はダメだ。

インドでは、慌てたりうろたえたりしても仕方ないのだ。私自身、コロナ禍を経て寝る前や朝起きてから何とも言えない不安感に襲われていた。

「自分の人生これからどうなるんだろう」

という不安だった。不安の要素を考えたらきりがない。不安になる要素は無限にある。

仕事がうまくいかなくなったらどうしよう。

自分に何の価値があるのか？

自分の能力が時代の変化に合わなくなってきているのではないか？

不安の要素に合わせてシナリオを描こうとするとますます不安になっていた。

しかし、インドに来て多くのインド人と話して時間を過ごして、非常に短期間だが、確信を得た。

「人生は、自分で何とかするだけ」なのだと。

インドの財界人からホテルの人から私のガイドまで、みんな何が起こっても慌てない、うろたえない。みんな私の前でたくさんミスを犯した。

でも謝らない、慌てない、うろたえない。「It's ok」としか言わない。

そして、まさに彼らの言う通りなのだ。道も間違うし、名前も間違うし、アポイントも間違う。時間も守らない。言うことも正確ではない。

でもそれくらい、どうでもいいことなのだ。目くじらを立てる方が時間とエネルギーが無駄だ。ミスや行き違いが起こってしまったら、何とかすればいいだけ。誰も気にしていない。

インドに来て「これだ！」と思った。自分が最近腑に落ちたことだ。

人生は、自分で何とかすればいいだけ。

世の中には変化しかないから、色んなことが起こる。だとしたら自分も変化しながらなんとかすればいいだけなのだ。

仕事がうまくいかないこともあるだろう。お金がなくなることもあるだろう。病気になることもあるだろう。誰かに裏切られ、騙されることもあるだろう。そうなったらそのときに、道を見つければいいのだ。取り越し苦労ばかりしていても仕方ない。

短期間でも、こういう悟りの境地をもたらしてくれるのがインドなのだ。

メタ認知で知るポルトガル

ポルトガルは、治安がよく、物価の高い欧州の中ではあらゆるものが安価だ。冒険気質があり、シーフードを中心に食べ物が美味しいことで、起業家にも人気だ。

ポルトガルではオスマン帝国をはじめとするイスラムの影響が、至る所に見られる。大航海時代を可能にした天文学の基礎である数学は、イスラム社会が熟成させたものだ。航海用コンパスもイスラムが生み出したものだ。

ポルトガルからイスラムを追い出すために強い中央集権王政が生まれた。そこからイスラム駆逐、いわゆるレコンキスタが始まった。欧州で吹き荒れる宗教改革に押されるカトリック教会が新世界で布教を加速させるため、大航海時代を支援。イスラムを撤退させたアフリカを抑えるためポルトガルが進出する。

地中海に面しておらず、地中海貿易の恩恵にあずかれなかったポルトガル。北海貿易とも無縁であった。残されたのはアフリカ貿易とその先にあるとされた新世界。ということで、頑張ってリスクを取り、喜望峰（きぼうほう）を発見し、そこからインド、マカオ、そしてブラジルを開拓。一気に欧州を代表する大国へ。そして日本にも漂流し、鉄砲やキリスト教を伝えた。

大航海時代は新世界から奴隷や香辛料を持ち帰り、新大陸を蹂躙（じゅうりん）することによって莫大な富を欧州にもたらした。その豊かさがルネサンスの引き金となり、神から解放された欧州で一気にサイエンスとアートが花開く。

ギリシアで生まれたサイエンスは、欧州ではルネサンスまで「神への挑戦」として許されず停滞した。その間、サイエンスを前に進めていたのはイスラムだった。そのイスラムの駆逐から大航海時代が始まり、欧州は豊かになった。そしてルネサンスにより、世界の中心へと躍り出る。

ポルトガルでいかに「宗教が政治であったか」再認識させられる。宗教がいかに社会を停滞させていたのかも。

旅をすると、視点が変わりメタ認知が進化する。**日本に閉じこもってネットで世界を知った気になるのはまずい。**

われわれが日本で習う西欧中心の世界史に洗脳され、「常に西欧が世界の中心であった」かのような錯覚が、ポルトガルで修正される。西欧中心の世界史教育で抜け落ちている「イスラム世界の先進性や貢献」が再認識させられる。

欧州の大学の授業料はお手頃

世界遺産登録された世界最古の学生街、ポルトガルのコインブラへ。ここには映画『美女と野獣』の舞台になった「世界一美しい図書館」ともいわれるジョアニナ図書館がある。

この図書館は数匹のコウモリを飼っていて夜中に本を食べる虫を駆除してもらっているとのこと。この空間が真っ暗になる時、コウモリが舞っている景色を想像して、ちょっとブルッとする。

リスボンが首都になる前の首都が、このコインブラだった。今でもポルトガル随一のコインブラ大学には２万２０００人の学生が学んでいる。13％が留学生で英語の授業も増えているとか。欧州の大学は、どこもアメリカに比較して授業料がお得だ。

卒業後はアメリカで就職する学生も増えているという。入学するのは大変だが、**欧州の名門でお手頃価格の授業料でハイレベルな講師陣から英語で学び、アメリカで働くのもいいかもしれない。**ただ、ポルトガルにも研究開発拠点を置くテックスタートアップも増えてきているため、高度人材にはこの地での選択肢が増えているようだ。気候と食べ物が素晴らしく欧州連合のメンバーであるポルトガルのポテンシャルは馬鹿にならない。

〝時短〟に意味はない

スペイン、バスク地方の、2人の偉大なアーティストから違うコンテクストで同じ意見を聞いたことがある。これがとても印象的だった。

最初はバスクが誇る偉大な芸術家。彼のデザインは久保建英（くぼたけふさ）選手が活躍するレアル・ソシエダのユニフォームになっている。そして今後欧州はおろか、世界で最も評価される可能性のあるアーティストともいわれる。

もう一人はバスクを代表するシェフ。世界トップを長年守ってきたレストランのスーシェフから独立し、バスクに今後世界のトップになる可能性あふれるレストランを構える。

まず芸術家のアトリエを訪問したときの彼の言葉。

「私は時間をかけて丁寧に芸術を作り上げることに意味を感じる。ギャラリーやバイヤーからは『年に5回、6回は展示会をやろう』といわれる。私は『それは無理だ』と断る。やれて2回。1回が現実的な限界だ。お金や名声のためではない。私は魂の癒しのために作品と向き合う。丁寧に時間をかけることで苦しみも喜びもある。でも何よりそれが私の芸術なのだ」

次にトップシェフの料理を堪能したあとの、シェフの言葉。

「もっと楽に調理できるツールはあります。例えば圧力鍋を使えば時短になるといわれます。でも確かに時短になるが私に言わせれば全く別物になってしまうのです。丁寧に時間をかけて、それは苦労もしますが、初めてこの私の料理になるのです。時短を求める人は何を求めているのでしょう。そんなに本業を早くやって何を他にやりたいのでしょう」

この2人の言葉を同じ日に浴びて心にしみた。なんでも早くやろうとしている自分を最近何とかしたいと思っていたからだ。

仕事から筋トレまで時短を目指すばかりに、ミスをして、ケガもした。無理に早く仕上げて、起ることはマイナスしかないと思っていた。時短して浮いた時間でろくなことをしていない。浮いた時間でYouTubeを見たり、どうでもいいニュースを検索したり。アホみたいだ。

それよりも**自分が本業にしていることに丁寧に時間をかけて向き合った方が満たされる。**そんなことをふと思っていたタイミングで、2人の素晴らしいアーティストから背中を押された感じだ。

旅はいい。場所を変え、時間の使い方を変え、取り巻く人を変えることで、発見がいっぱいある。よく知らない国に出向いて色んな人々に出会い、よく観察する。人はそれぞれが驚くほど違い、信じられないほど同じである。

かいた恥は力になる

欧州は面白い。私の海外体験は欧州から始まった。交換留学生として北米という選択肢もあったが、私が大学時代の日本は「海外といえばアメリカのこと」というくらいアメリカ一辺倒だった印象がある。ということで北米に行く機会は後にいくらでもあるだろうと思ったので、欧州を選んでみた。

そしてスイスに決まった。スイスに1か月半ホームステイしたのだ。最初の海外体験がスイスだったことが私の語学学習に火をつけた。**スイス人はその多くが当たり前に3か国語、4か国語を話す**のだ。

今になればそれは大陸にある小国のさがのようなものだと理解できるが、当時は度肝を抜かれた。英語さえまともに話せない私を前にしてホストファミリーの小学生が、英語、フランス語、ドイツ語を使いこなしていたのだ。

スイスの観光バスに乗ればガイドが3、4か国語で解説していた。日本語しか話せない私は衝撃を受けた。

そして当時「日本の家はウサギ小屋」とよくメディアで言われたが、欧州の家は日本から見てもお世辞にも広いとは言えず、「なんだ。日本はウサギ小屋でもないな。鳥取にある家は下手したらもっとデカいよ」と気づいた。

その後、アメリカに行き、アメリカ人もわれわれ同様ほぼ母国語しか話せないことを知り安心もした。

スイスのホストファミリーの自宅にシェルターがあり、そこに大量の本物の武器があることもショッキングだった。ホストファミリーの近所の大学生と遊びに行ったディスコが核シェルターだと知ってさらに驚愕。

あと、当時よく「欧米では」という言い方を日本のメディアで聞いていたが、「欧州はアメリカと一緒にされることを毛嫌いすること」をホストファミリーや近所の人たちと話しながら実感した。「アメリカにはカルチャーがない」「アメリカ人はマナーがよくない」「アメリカ人は威張っている」「食べ物がダメ」とか言っていてこれも意外だった。

ホストファミリーは私を受け入れるだけあって、日本社会や日本文化に関心があり、研究もしていたが、私が全くそれらを説明できなかった。語学の問題だけでなく知識の問題でもあったことに多分落胆していたのではなかろうか？

その後、私の海外体験はアメリカとアジア一辺倒となった。それで世界を知った気になっていた。しかし、数年前から意図して欧州に行き始めたところ、やはりアメリカともアジアとも違って独特でいいと再認識する。街のつくりや食文化など、欧州でしか感じられないものがある。

旅はいい。本物体験はプレイスレスだ。

スペインで学んだ「今そこにある幸せを見つける力」

太陽がいっぱいのこの国に来て、とても大きな発見があった。人生で最も大事なコツをスペインの人々から学んだのだ。

彼らに言わせると「**太陽とちょっとした食べ物とお酒があるだけで幸せな気持ちになれる**」という。

「政治は情けないし、経済もすごくいいわけではない。スリや泥棒はたくさんいるし、ものはすぐ故障する。格差は大きく、そしてさらに広がっている」

でも「今そこにあるものから、ちょっとした幸せを見つけて、私たちはそれをしっかり大事に感じることができる。大したものは持っていないけど十分幸せ」

「私たちはいつでもとても幸せなんだよ」

これは最強の能力ではないか？　富を生み出したり、権力を摑んだりする力もそれを持つ人はすごいと思うが、その過程で不幸になっている人もたくさん知っている。

そしていくら高級腕時計や高級スポーツカーを持っていても、心が空っぽでそれらを何個も買い集めている人も知っている。この人たちはなかなか幸せになれない。

何のために生きているか?を想うと本末転倒に映る。

今あるものを当たり前と見過ごさず、それに感謝しながら大切にして、そこから幸せを感じられるなんて最強ではないか? 目的と手段が一致していて無駄がない。その過程で誰も不幸にしない。地球環境によくないものも過剰に作り出さない。

私はこの能力を学びたい。これからの時代に最も必要となる素敵な力だと思う。

グローバル舞台での人脈術について

顔の広いキーパーソンを押さえよ

海外に出る大きな目的の一つである、ネットワーキングについて語ろう。いわゆる人脈作りである。人脈作りは、自分の影を追うような行為である。捕まえようとすると逃げていく。「人脈を作りたい」と顔に書いてありながら近づいてくる人には、誰もが引いてしまうものだ。あなただってそうだろう。

招待制で、影響力ある著名な人たちが集まるパーティーやレセプションでは、人脈作りは大事だが、それを前面に出した雰囲気や行動は歓迎されない。

一番いいのは、そういう席で**それなりの人を紹介してくるキーパーソンを押さえて**おくことだ。自分をいいパーティーに招待してくれたホストや顔の利く友人のことだ。

自分で自分を売り込むことは、「熱意がある」と評価されることはたまにあるが、集まる人がハイクラスになればなるほど、それなりの人に紹介してもらう方がベターだ。

まず、キーパーソンに「どんな人がいつ頃どういう形で来場しそうか？」と聞いておくことが重要。気になるゲスト全員に紹介してもらえばベストだが、キーパーソンも有力ゲストたちも多忙なので、それはかなわない。よって、優先順位をつけて、例えば「ゲイツとバフェットには紹介してよ」と言っておこう。

キーパーソンには「自分をこう紹介してほしい」という要望も伝えておいた方がいい。お目当ての相手が関心を持つような形で、相手の立場やニーズに合わせて自分を紹介してもらうのだ。

来る時間を見計らって、レセプションでフリーになる準備をしておくことも欠かせない。せっかく目当ての人物が来場したのに、他の人物とのおしゃべりに熱中して相手が帰ってしまったなんてことにならないように！

立食パーティーで上手に相手の会話を断ち切る訓練もしておこう。相手の顔をつぶさずに会話を断ち切るマジックワードは、「何か飲み物を取ってきましょうか？」「バスルームに行ってきます」といって人混みの中に消えていくのが無難だ。ただ、気心が知れた人が相手だったら、正直に「あいさつしたかった人が来たので失礼します」と言うのもありかもしれない。

相手をよく調べておけ

会話は結論から入ろう。お目当ての人物を独占できる時間は短い。自分のアピールポイントの紹介はキーパーソンにしてもらうとして、自分は結論から入ろう。なぜ仲良くなりたいのか？　どう仲良くなりたいのか？　これを精査して事前に想定問答を作っておくことだ。

例えば、私の場合、「来年その会議の講演者として呼んでほしい」というのが目的だったとしよう。その会議の主催者を紹介してもらい、「私はこのテーマでならほかの誰より有意義な話ができます」とか、「私が得意なこのテーマの分科会を次回の会議でやりませんか？」とかストレートに話し掛ける。

会話の中で、短い時間に相手に印象付けることが大事。そのためには**相手のことを**

よく調べておこう。相手の年齢、出身地、学歴、職歴、趣味、家族構成等。それらを知っていれば、相手に「こいつは自分をよく調べているな。この態度なら信用できる」と思わせることができるだろう。そして相手の名前を会話の中で連呼すること。「You」ではなくて、相手の正確な名前を連呼すれば、親しみは一気に増す。

いい人脈構築にはストレートなビジネスの話だけでは足りない。グローバルな舞台では教養も大事だ。パネルディスカッションや講演で話すときはもちろん、夕食の席やレセプションの立ち話で教養をチラ見せして「深い話のできる奴」と思わせることも大事だ。

歴史や哲学や科学の話がいい。世界が激動期だけに「中国やインドの台頭というが、この両国は18世紀まではずっと世界経済の大半を占めていたんだよ」とか、「フランスの人口政策は19世紀の普仏戦争でドイツに負けてから始まったんだよ」とか、「人生論ではトルストイもいいが、セネカの方が深い。ローマ時代から学ぶものは多い」等と教養を見せると非常に有効だ。そのためにも、日頃から歴史や哲学や科学の古典を読み込んでおくべし!

パーティーは最後まで

〝残り物には福がある〟のは日本だけではない。パーティーには最後まで残ろう。有名人や有力者が来る時間だけいて、さっといなくなるのは効率的ではある。立食パーティーで相手を代えていくことに慣れていない日本人にとって、いい相手と巡り合えなかったら退屈な時間でしかない。そういう場合も帰りたくなる。

ただ、最後までいることには意義がある。主催者やその近しい人は必ず最後までいる。最後までいる人は少ない。「最後までいる人はパーティーを楽しんでくれた人」と主催者は思っている。そこで彼らに感謝の意を伝え、次の機会にもぜひ呼んでほしいと伝えよう。そうしたら、次の機会はもちろん、違う機会にも誘ってくれるかもしれない。

アメリカでは特にそうだが、皆無関心なのか、恥ずかしいのか、プライドがあるのか定かではないが、意外と有名人にアタックしない。私が出た国際会議でも、ＧＥのイメルト元会長やヒラリー・クリントン元国務長官やローレンス・サマーズ元財務長官やシンガポールのリー・クワンユー元首相らが、フリーでウロウロしていた。こういうときはすかさずアタック。果敢にアタックしてくる人には皆好感を持ってくれる。一発で仲良くなる紙一重のジョークも必要。私がサマーズ氏と一気に仲良くなったのは「あなたが映画『ソーシャル・ネットワーク』で、発言した言葉は本当だったんですか?」といきなり切り込んだ。

当時はその映画が世界でヒットしていた最中で、サマーズ氏がハーバード大学総長だった時代の様子を「かなり尊大な人物」と描いている。実はこの質問は多くの人がしたかったのだが、ただでさえ尊大に見えるサマーズ氏を怒らせていけないと思って、誰も投げかけることができなかったようだ。

サマーズ氏はよくぞ聞いてくれたとばかりに、「ハハハ。実は僕はこういう言い方はしたけど、あんな言葉は使っていないよ」と得意満面の笑みで答えてくれた。まあこれは、たまたまうまくいっただけかもしれない。

マレーシアのナジブ元首相と会談したときは、熱帯雨林風のグリーンのスーツで登場し、「マレーシアの熱帯雨林をイメージしてきました」と切り出し、爆笑を誘い打ち解けた。ＡＳＥＡＮ主要国の政府トップと日本のヒラの議員がさしで会談したのは稀有なことだったのだが。

アブダビの皇太子に地元のスイカを売り込むために、真っ赤なスイカ色のスーツと緑の靴で会談したときも大うけして、アブダビのスーパーでの売り込みに大成功した。

有名人にすれすれのジョークを言うのは一つの賭けであるが、下品で失礼なものは絶対にいけない。「仲良くなれたら儲けもの、失敗したら縁がなかっただけ」と開き直って言ってみる価値はあると思うが。

チャンスをつかむ訓練として、有名人と出会えたときにスマホでツーショットを撮らせてもらえるようお願いしてみるのもオススメだ。ミーハーでくだらないことのように思えるかもしれないが、そういう写真がパーティーなどでの話の接ぎ穂として意外なほど役に立つことが多い。

私の後援会長の場合、私の選挙応援に来た小泉純一郎首相（当時）とのツーショット写真が、中国や韓国でかなり効果があり、彼のビジネスの展開に大いに役立ったという。小泉さんとのツーショット写真を見せた瞬間、中韓でビジネス・パートナーの態度が一瞬で変わり、話がうまくいったそうだ。

小泉さんは靖国参拝で外交的に中韓を敵に回したと言われたが、実は中韓では「敵ながらあっぱれ」で人気があったのだ。有名人とのツーショット写真なんて、恥ずかしい！　プライドが許さない！　勇気がない！　なんて言ってる君。そういうハードルを越えていくのも世界とつながるための意識改革になるぞ！

ギブ・ギブ・ギブ&テイク

人脈構築は名刺交換をしたり、印象付けたりしたら、終わりではない。出会いは始まりでしかない。何事もその後のケアが大事。

個別で相手が関心のありそうなことについてメールを送るのも大事。ただ、数が増えてきたらきりがない。その場合、誰にでも何か心に刺さるようなテーマを満載してメールを書くのがいい。できたら手紙をプリントして封筒に入れ、年に2回ほど郵送するのもいい。内容は自分の近況、家族のこと、仕事のこと、最近の世界の政治経済情勢についての想いや分析、写真も付けて。

なぜ人は人脈を作りたがるのか？

それは本心では「自分の目的のためにこの人を利用したい」と思っているからだろう。そんなことは誰でも気づいている。他者から見て自分の利用価値が高いと自覚している有力者たちは特にそうだ。そういう人たちの信頼を勝ち得るにはどうするか？

答えは簡単。徹底的に彼らの役に立つのだ。

そう〝ギブ&テイク〟だ。まず相手にギブ（与えること）から始める。しかし、人間という動物は受けた恩義はすぐ忘れるが、与えた恩義はずっと覚えているものだ。それらが釣り合うためにどうしたらいいのか？

これも答えは簡単。**徹底的に、相手が忘れないくらい、〝ギブ〟するのだ。**

私はそれを「ギブ・ギブ・ギブ&テイクの法則」と呼んでいる。何かしてほしかったら、まず相手に3倍与えるのだ。徹底的に相手に尽くすことから始めよう。とにかくお世話をする。人を紹介したり、情報を提供したり、ビジネスの機会を与えたり、と相手が忘れられないくらいお世話をするのだ。もちろん、どのギブも手を抜いてはいけない。相手の立場になって全力で考えて期待に応えなくてはならない。苦労は買ってでもしろと言うが、自発的にお世話を申し出よう。もちろん、余計なお世話は問題外だが。

何より先に、それなりに相手の期待に応えることができる自分であることが第一だ。お世話できるだけの人脈や情報網やビジネスチャンスを、自分の周りに築けているかどうか？　それがカギである。

自分と違う強みを持つ最強の仲間を作れ！

先日、パラパラめくっていた日本の雑誌で、日本人の自称グローバル教育専門家が語っていた内容には、かなりの違和感を覚えた。

「根拠ある自信を植え付けるには競争しかない。競争心をつけましょう」

ここに日本人が時間をやたら使い疲弊している割に、付加価値を作り出せず、ストレスだけ増やして豊かさを失い、どんどん心も身も貧しくなっている理由がある。

そもそも「偏差値」という発想自体が、無駄な競争を生む貧困さの源泉だと思う。

友人のピーター・ティールは「競争なんて絶対してはいけない」とも言っている。

「資本主義は、競争する者が勝てない仕組みになっている。競争は必ず価格競争をともない、その結果リターンを減らし、資本を蓄積できなくするからだ。競争をしない者だけが、価格決定の自由を持っている」

全く同感である。競争は21世紀に最もやってはいけないことだとさえ思っている。競争は、ストレスの増加、リターンの減少、そして孤独しか生まない。

今、私がグローバルな舞台で成功できているのは、競争心をほとんど持たないからだとさえ思っている。競争が起こりえない土俵と、自分でしか産めない価値を常に探求し、必要な方々に提供しているからだと思っている。競争がないから「価格競争」にならず、私がほぼ自由に値段をつけさせていただくことができるようになっているのだ。

競争は、「自分しかできないこと」をやっていないから起こるのである。同じような土俵で、〝コピーキャット〟と消耗戦をやることになるのだから。

今の私にあるのは、**競争心ではなく「探求心」と「仲間を作る力」**である。「自分にしかできない価値の生み方を常に考える探求心」と、「私にはない素晴らしさを持った人たちを仲間にする力」である。

無駄に張り合う気持ちがあると、本来こういうことに使うエネルギーと時間が浪費され、目も曇りがちになる。張り合う気持ちがないからこそ、相手の力を認められ、素直に心を開いて力を借り、仲間になってもらえるのだ。

本来人間は持って生まれたキャラクターも向き不向きも、その後のバックグラウンドも目指すヴィジョンも全く違う。だからこそ、相手と無駄に張り合って「どっちが上か下か」を云々するなどありえないのだ。

あるのは「違い」である。違いは、ヴィジョンが似ている場合、補完関係になり得る。

社会に出たら「競争心」なんてない方が、ずっと本人をストレスから解放し、リターンを増やし、幸せにしてくれると思う。

もちろん、これはあらゆる業界で可能なことではない。プロスポーツや政治の世界はそうはいかないだろう。

私が政界で大成できなかった理由の一つが、「競争心のなさ」だったのだと思う。

数の決まった椅子を奪い合うゲームである政治の世界では「強烈な競争心」がないといけないし、いくらいいアイデアがあっても、権力を持たないと実行はできない。

小泉元総理が現役当時、30代で当選した我々を集めて、口酸っぱく「戦え」と言ってくれていたことを思い出す。

ときには、腹の中では違うことを想いながらも、笑顔で「仲間」なんて表面的に言っている者と戦わないといけないのだ。タフさが足りない私には、キツい世界だった。

とはいえ、政治やプロスポーツの世界に行く子供たちは圧倒的少数だろうし、その世界に長く居続けられるものでもない。

世界は広く、自分にしかできないことを追求していけば居場所は十分ある。狭い世界で、向いていない競争に疲弊していれば、ストレスで病気になり、価格競争でリターンを下げ、身も心も貧しく健全でなくなるばかりだ。意味がないのに張り合うことほど愚かなことはない。

そんな暇とエネルギーがあれば、自分にしかできないことを追求し、自分とは違う強みを持つ仲間を創れ！

世界を変えるのはこんな人間だ！

世界で最も過酷な環境で生きた少女

娘の学校の事業で、新しい奨学金制度がはじまった。この奨学金は、世界中の過酷な環境にある女子学生をサポートして、将来母国や世界を変えるリーダーとして活躍してもらうという趣旨のもの。一つの家庭が、一人の女子学生の留学費用、学費と滞在費をフルサポートするという企画だ。そう、まさに支援者にとっては家族がもう一人増える、という感じなのだ。

正直、私には一人の学校の学費とシンガポールの滞在費を負担するのはキツいのだが、もう一人娘を持つようなこのスタイルが気に入り、挑戦することにした。私は学校に、「世界で最も過酷な環境にある女子学生を選んでほしい」とだけ頼んだ。

そうして熾烈な選抜を潜り抜け選ばれた17歳の女性が、西アフリカの某国からやってくることになった。その国は経済指標や治安や政治の安定性はかなり厳しい環境だ。彼女の母国の一人当たりＧＤＰは約９００ドル。日本のそれは約４万ドル。つまり日本の45分の１の経済力だ。そして、シンガポールの一人当たりＧＤＰは日本の倍以上の約８万ドル。つまり一人当たりＧＤＰで90倍豊かな国に、生まれて初めてやってくるのだ。

彼女は５歳のときにお父さんを亡くしてシングルマザーのもとで育てられた。数学とバスケットが好きで、国家の優等生として学んでいたという。ただ、彼女の国はとても美しい反面、テロとインフレで国民は苦しんでいるそうだ。

この留学制度に合格したときは入院中だったそうで、ベッドからパソコンを開いて合格通知が来たことを知ると、病気なことも忘れて飛び上がったという。

彼女にとっては初めての海外で、シンガポールに来てから、色んな肌の人がいて、色んな言葉を話していることに驚いていた。

〝自称勝ち組〟を蹴散らす勇気

初めて彼女に会った日、たくさんのことを話した。東京を舞台にしたアニメが好きで、東京に行ってみたいこと、学校のカフェのお寿司は微妙なこと。人生のヒーローは母親。彼女の母は学校の先生で、5歳のときにお父さんが亡くなってから、暗くなりがちだった姉妹に常に明るく接して、守り育ててくれたこと。留学を志望した時点では「夢は宇宙物理学者」とのこと。

世界で最も治安と経済がチャレンジングな国に生まれ、幼いときに父親を亡くし、お姉さんとともにシングルマザーに育てられた彼女。普通こういう子の人生は厳しいものになると思われがちだ。

しかし彼女はチャンスをつかみ、宇宙物理学者になる夢を持って、フランス語と母国語しか話したことがない中、難易度の高い選抜をくぐりぬけてシンガポールにやってきた。

こういう人物が世界を変えていくのだ。

人類の歴史は、「勝ち組が固定化されている」などと言う〝自称勝ち組〟が調子に乗ったときに、**辺境から彼女のような存在がダークホースとして現れ、変化の波に乗って世界を変えていくことで作られてきた。**

彼女が夢の宇宙物理学者になれるかどうかはわからない。ただ、私は、彼女には好きなように生きてほしいと思うのだ。何者にならなくてもいい。自由に生きてくれるだけで、それだけで周囲の人たちに巨大なインパクトを与えることは間違いない。こういうことがあるから世の中は面白い。人生は捨てたものじゃないのだ。

海外に飛び出して初めてわかったこと

「自分よりすごいヤツがいない」環境にいてはいけない

もしかしたら、ここからの文章を読んだら気分が悪くなる人もいるかもしれない。そういう人は迷わず読み飛ばして欲しい。万に一つでも奇跡的に届くべき人だけに届けば結構である。

昔は「日本一＝世界一」という分野がたくさんあったが、今はほとんどないと思う。さらには、日本で勝ってもリターンもインパクトも国外の10分の1以下ではないかと思う。

典型的な例が、野球のメジャーリーグの年俸と日本のプロ野球の年俸の格差だ。巷間では10倍にもなっているという話も聞く。確かに実力差は大きいとは思うが、日本とメジャーの差は10倍もないだろう。年俸だけがベンチマークであるべきではないが、年俸が大きければそれ自体が大きなインパクトを社会に生んでいるリターンともいえるし、その年俸を使ってより大きな社会貢献ができる。

稼ぐのは悪いことではない。稼ぐのは「己のためならず」だからだ。

残念ながら、日本で起業家といってもその多くは世界で通用しない。すべてのスケールが桁違いに小さいのだ。最高の舞台を狙わず、お山の大将を決め込む者たちは、孤高の状況に自らを置いて高めるようなことをせずに、夜な夜な集まっては「俺たちはイケてる」と傷をなめあうしかない。

最初から世界で戦うことはあきらめ、お山の大将を決め込む人はそうすればいい。私の想定とは違い、結構いい人生を送れる可能性もあるだろうから。

私が現在拠点を置くシンガポールは小さい国だが、だからこそ自国人口560万人だけを相手にしては生きられないため、英語と中国語、マレー語、タミル語を公用語とする開かれた都市国家となっている。世界を相手にビジネスをしている個人や企業も多い。実は、通信会社のシングテルはソフトバンクやＮＴＴよりずっと契約者が多い巨大企業であるし、コンフォートデルグロという交通会社は世界第2位の交通会社となっている。

日本市場は、大胆な改革をしなければ、これから縮小を続けていく。もちろん、誇るべきところはたくさんあるが、アジアでは「小さく、古く、イケていない市場」になりつつある。そんなところでお山の大将になっていてはかなり危ういのだ。

日本はまだ1億人以上の人口を抱える大国なので、日本人の中には覚醒すれば凄い実力を発揮する才能はいるはずだ。科学者からスポーツ選手、経営者、起業家等々。こういう人が増えないと日本の凋落も止まらないだろうし、国家としてそこから盛り返すことも難しいだろう。

「お山の大将」になってはいけない。世界にはすごい人がたくさんいる。そういう人たちと連携し、ときに勝負することは、自分の能力を開花させるだけでなく、フロンティアをどんどん切り開いてくれる。一度しかない人生をとてもエキサイティングなものにしてくれる。

「自分がイケてる」と思う人は、「自分が一番すごい」という状況はまずいと思ってほしい。

傷をなめあったり、自分を勘違いしたりしていると、人生はあっという間に終わってしまう。常にベンチマークは「国籍にかかわらずその世界で最も優れた人たち」とするのだ。

「日本で勝ってから世界へ」というのも、ケースバイケースであるが、いまや多くの場合違う。中国くらいのスケールと競争力があれば「自国で勝ってから世界」もありえるが、もはや日本のサイズやレベルなら、「最初から世界へ」としないと永久に世界は無理だろう。

確かに、世界で勝負するのはくたびれるし、成功する可能性は日本国内より小さくなるかもしれない。しかし、日本国内で抑え込まれている人材でも、覚醒して開花する人は少なくないと思うのだ。

帰って来いという理由

私は世界へ出た人たちに最後は日本に帰ってきてほしい。その理由は大別して以下の四つだ。

①感謝の気持ちを忘れるな！
②勝手知ったる故郷である
③まだまだ内需がある
④立て直せるのは世界を見てきた君たちだ！

われわれを育ててくれたのはこの国である。われわれは先人が築き上げた歴史・伝統・富・信頼に乗っかって日本人をやっている。そのおかげで北朝鮮以外は出入りが自由で、世界最強とまで言われ最も信頼されている日本のパスポートが持てる。外へ出れば、われわれがいかに世界で好感を持たれているかを実感できるだろう。その裏付けとなっているのも日本という国の信頼だ。日本のおかげでわれわれは世界に出られ、世界で色んなチャレンジができる。

世界で自分の居場所を見つける人も多いだろう。日本では認められず、日本では開花しなかった才能を花開かせる人もいるだろう。実績を作ったら帰ってきてはどうだろうか。あなたを認めなかった心の狭い日本人たちほど、逆輸入に弱い。海外での成功は、いまだに日本でブランドになる。日本にはまだチャンスがある。国家破綻や超高齢化等、非常に厳しい問題はある。新興国の成長力も素晴らしいが、日本にある眠れる富もまた素晴らしい。勝手知ったる我が故郷の方が、その埋もれた宝を掘り出しやすいのではないか？

1000兆円を超える借金はあるが、個人金融資産と非金融資産を合わせれば3000兆円を超える富がこの国にはある。国家破綻で相殺されても、差し引き2000兆円くらいの富はある。そして2023年の対外純資産は史上最高の418兆円もある。何より、中国リスクの高まりでグローバル企業がサプライチェーンを中国から撤退を始め、その一部が確実に日本へ移ってくる。コロナ禍を経ての中国の政治経済体制を世界が好まなくなり日本に投資が集まる絶好のチャンスが到来している。中国経済を過小評価してはいけないが、中国経済の影に隠れていた日本が再発見されている。

日本の課題は、社会保障費を十分払わず過大な年金はもらいながら、借金を若い世代に押し付けているシニア世代が、莫大な富を保有しながらも、それを消費しないことにある。海外で身につけた商才で、シニア世代の消費意欲をくすぐってはいかがか？ シニア世代の金融資産は日本の眠れる宝であり、最後のフロンティアだ。ただ、彼らの財布のひもは固い。ここをどう動かして、日本の資産を日本経済や若い世代のためにどう回していくか？ これは非常にやりがいのある仕事だと思う。

最後に、がんじがらめの日本を立て直せるのは、世界でもまれた君たちしかいない。空気を読みながらもあえて空気を断ち切る術、遠慮なく丁々発止（ちょうちょうはっし）で交渉できる術、論理的に物事を考える術、多様性を認め受け入れる訓練を積んできた経験等々を手に入れた、君たちしかいないのだ。ただ日本の中にいるだけの人には、日本の本当のポテンシャルは理解しがたい。家の外の飯を食って初めて、家の飯がうまかったことに気づくようなものだ。

そして、日本の再生のためには世界の力を借りなければならない。アジアの活力や欧米の資本力、アフリカや中東の資源・食糧のポテンシャル等々。こういう地域に飛び込んで様々な試練を経てきた君らこそ、日本の再生に必要なのだ。自立して世界と渡り合いリーダーシップを磨いてきた人材が、必ず日本で必要とされる。

長引く閉塞感と個性を認めにくい環境の中で、君たちの力を眠らせてはいけない。

まずは国内でしっかり力や経験を詰め込んで、自分の武器を作ってほしい。

その武器で世界と戦って、実績を作ってほしい。

その経験を持って、まだ力があるこの国を、本当に力が失われる前に立て直してほしい。

私も他力本願で行くつもりはない。一緒に先人に対する感謝の気持ちを持って、世界に出て行こうではないか⁉

おわりに

最後に自分の自己紹介を記したい。なぜこんな本を書こうと思ったかも含めて。

私は鳥取県で生まれた。私の記憶にある昭和40年代の鳥取県は、大いなる自然に囲まれつつも、高度成長の勢いが感じられた。クーラーや電子レンジが生活に入ってきたばかりで、これからどこまで暮らしが便利で豊かになるのかワクワクさせてくれた。それでも今に比べるとはるかに質素な生活だった。小学校の社会の授業でも「日本の鉄鋼生産や自動車生産が欧米に迫る」と教えられ、日本が世界のひのき舞台に上がっていることを子供心に実感させてくれた。

鳥取に生まれた私は東京にあこがれた。地元の高校を卒業したあと、東京の大学に進学。テレビドラマの舞台になった風景を訪れては悦に入るような田舎者であった。

しかし飽きっぽさは天下一品。東京に出てきた喜びもつかの間、次はその外にあるもっと広い世界を見てみたいとの思いはますます強くなった。大学2年のときに、ライオンズクラブの交換留学でスイスに2か月滞在。強運の私は、ここで人生の師と仰ぐ家族に出会えた。

本編にも書いた通り、英語もろくに話せず日本の歴史や社会を説明できなかった私は、スイスで「世界に挑戦する課題」を突き付けられ、発奮した。「フランス語と英語に加えて自国の歴史や社会を学び、世界の名著をむさぼり読んだ。アルバイトをしてフランスやアメリカに渡り、世界の刺激を常に感じていた。大学院に進んで2年目を迎えたときに、海外の提携校との単位交換留学が始まった。このチャンス逃すまじと、真っ先に手を挙げた。学校からはフランス行きを命じられる。「成績はよくないが、神経が図太いのでフランス語圏でやってもらおう」との指示だった。

フランス語には苦労したが、欧州統合前夜の胎動が感じられるフランスには、欧州各国そしてアメリカやアジアから学生が集まっていた。勉強を徹底的にしながらもハードに遊んで人脈を作っていく、そんな彼らにも大いに刺激を受けた。多様な経歴と国籍と人種に囲まれ、同世代ながらも、幅広い趣味や教養を持つ学生たちがまぶしく見えた。彼らとビジネスでも競い合いたいと心に誓った。

当時の日本はバブルの絶頂期。日本が世界を買い漁ると世界から皮肉られていた。「世界を目指すなら日本企業に入ってその力で世界を押さえるんだ」と思い、証券会社の「企業買収仲介部門」の門をこじあけた。苦労しながらも2年連続で全社ナンバーワンの営業成績を残す。

5年間東京を中心に海外出張も絡めながら仕事に専念してきたが、そろそろ〝世界〟が切れたと思い、「世界との戦い」のためには自らをレベルアップすべしと企業派遣留学に挑戦。幸運にも唯一のロースクール留学生となり、アメリカへ。法律と経済を学んだ。

特に経済学を学んだイェール大学では、多くの刺激的な出会いがあった。師匠の浜田宏一先生からは、「海外にいるからこそ日本を憂う」という想いを常日頃お聞きして、感銘を受けた。日本から留学していたのは官僚たち。天下国家についてよく集まって議論した。新興国からは、将来の経済閣僚や中央銀行総裁候補が来ており、国を背負う気迫を持った連中と触れ合えた。自らの立身出世を中心に考えていた私に、

「公共」のことを想う機会を与えてくれた。

バブル崩壊後の日本の長期低迷が始まった90年代後半、私は大学院修了と同時に腹をくくった。「経営がダメなら経営者を取り換えるべし」との想いでM&Aの仲介業をやってきた私は、「日本の経営陣を入れ替えないと日本の潜在力を出し切れない」との思いから政界入りを決意した。

私は帰国後証券会社を辞め、まずは地元に帰り日本海新聞社に入社。日本を憂う想いを論説として思い切り紙面で展開させてもらった。地元で講演の機会もたくさんいただき、知名度が上がると各政党から公認や推薦のアプローチもいただくようになった。

当選後の活動の自由度を確保するためにも、選挙は無所属で勝たないといけないと、大政党からの公認を拒否し続けた。しかし、強烈な保守地盤の鳥取県での国政選挙は無所属で勝てるほど甘くはなかった。全力を尽くしたが3度落選。落選期間中には国立シンガポール大学で研究員をやり、シンガポールの優れた公共政策に感銘を受けた。アメリカやイギリスにも中短期で留学し、経済学や経営管理学の知見をブラッシュアップした。転機は2001年。シンガポール大学の研究員をしていた私は、日本海新聞が買収した大阪日日新聞を再建すべく、社長として送り込まれた。

経験豊かなオーナーの指導の下、社員と力を合わせて、夕刊紙として100年以上の歴史を誇った大阪日日新聞を、唯一の大阪の地元の朝刊紙として定着させることに成功した。社長業も1年が過ぎたある日、現職の死去により、地元で補欠選挙が行われることになった。私にとっては4度目の挑戦になる。この選挙にて、無所属で初当選。当選後は実行力を重視し、構造改革を目指す小泉政権の自民党に入党した。

政界入り後は得意の金融・財政・経済分野に注力した。グローバルでオープンな経済運営をする小泉政権・自民党では、本当に色んな経験をさせてもらった。日本の金融市場をグローバル化する政策や、国家の資産を有効活用する政府系ファンド設立の議論も、党や政府で思い切りさせてもらえた。

続く安倍政権では内閣府政務官（経済財政・金融及び地方分権担当）、そして麻生政権では参議院国土交通委員長をさせていただき、金融からインフラ開発まで幅広いテーマで、政府や国会を代表して数多くの国際会議や海外出張の場で日本を発信してきた。そこでも多くの知己を得た。世界の各界リーダーたちに触れ、その人格や経歴に興味を持ち、多くのリーダーたちとプライベートでも親しくお付き合いをさせてもらった。

２００９年の総選挙で自民党が野に下った際、若手で反乱を起こし、総裁を若い世代にと思ったのだが、この動きが派閥の領袖の逆鱗（げきりん）に触れ、自民党型政治にも限界を感じた。政治家という職にあるだけで何もできないのでは時間の無駄。

「そもそも自分は無所属で戦ってきた。政党のために議員になったわけではなく、国民のために議員というポジションを与えられているだけだ。だから自分の議席を守るだけではなく、国民のために働ける選択をしなければ」と強く思い始めていた。

そのタイミングで民主党の小沢一郎幹事長（当時）から引き抜きの打診があり、非常に迷ったが、「政治家は政党のためではなく国家のために働くべし」との想いで民主党に移籍。自らの改選直前なので、選挙への大きな影響は避けられないとの覚悟はもちろんあった。比例代表で出馬。結果、落選してしまった。当時は、選挙で全力を出し切れなかった自分の限界に悔しくて腹立たしかったが、人間万事塞翁（さいおう）が馬。落選して初めて、今まで見えなかった世界が見えてきた。

母校イェール大学の恩師・浜田宏一先生と同じ年に当選し、当時同校の助教授をしていた斉藤淳先生が熱心に大学に働きかけてくださり、イェール大学が温かくフェローとして迎えてくれた。その後ハーバード大学へ移籍し、アメリカの高等教育の現場を再び目の当たりにして、感じることが多くあった。イェールやハーバードに学部から留学していた日本人学生とも触れ合い、日本の若者ほど国際舞台で輝き成長する伸びしろが大きな人材はいないのではないかと思うようになった。アメリカのキャンパスで刺激を受けて、ミシミシと音を立てて大きくなっている若者たちに誇らしい思いを感じた。それと同時に、彼らから日本の教育との差異とその限界について想いを聞いて、深く考えさせられた。

その後、アメリカのシンクタンクに籍を置き、多くの同僚たちと世界中の課題について議論した。日本人が羨望（せんぼう）のまなざしでみつめるような国々にも深刻な課題が数多くあり、相対的に見れば今の時点での日本の課題は、もちろん改革の手を緩めてはいけないが、飛び抜けてひどいものとは言えない気がした。

久しぶりにゆっくりとした海外滞在では、冷静な研究者たちとの客観的なデータに基づいた議論で、「日本は日本人が思うほど悪い国ではない」と思うようになった。アメリカに滞在しながら講演で世界を旅するうちに、多くの国々で色んな人たちから、心からの親日感を披露され、日本が世界でどれだけ愛されているか再認識させられた。しかしながら、1年ぶりに日本に帰国し、日本の社会に溶け込むと、今度は逆に海外では見えなかった日本の課題が見えてくる。色々思う中でも、この緩やかな心地よさと多様性を排除する雰囲気は、日本の可能性にダメージを与えてしまうと感じる。日本に帰ってきたときは、自分が生まれ育ち一番雰囲気にも慣れていて、何かと楽だと思わせてくれる日本がいいという気持ちと、この日本にこのまま長くいるとこれからの時代を生き抜くのが困難になってしまうのではないか、という気持ちが心に常に併存していた。

世界で相対的に見れば、日本は本当に素晴らしい国だ。まだまだあふれるその可能性に比べれば、課題はそんなに大きくはない。しかし、日本を相対的に見ることができず、日本や日本人に対して自己嫌悪に陥りながらも、日本を取り巻く空気の緩さかわれわれが行動を起こせずにいれば、日本の未来は相当暗くなると思う。

今から行動を起こさなければならないと思う。その前提として、日本を相対的に見られる力を養わなければならない。また、日本の課題の解決には、日本をグローバルに開いていく作業が不可欠だ。そういう意味でも、世界の多様性の中でもまれる経験を持たなくてはならない。そして、緩い空気の中でも日本を変えるために行動を起こすモチベーションを保ち続けるためには、日本に対する心からの感謝の気持ちと建設的な愛国心を抱くようにならねばならない。

そのためには、できるだけ多くの人に外から日本を見る経験を持ってほしい。

未来は若者の手の中にある。多くの若者がこの本を手に取り、共感を覚えて世界に飛び出してほしい。安易に飛び出せと言うのは、激変の時代にあまりに無責任である。その前にしっかりと世界で発信し勝負するための内容と武器を詰め込んでほしい。

日本は特殊な国で、これから人類史上未曽有の高齢化社会を迎える。となると主役は若者だけではない。シニア世代も含めて多くの人々がこの本を手に取って、しっかり準備をして、世界に飛び出してくれることを祈念する。その思いだけで、編集者を悩ませながら、稚拙な文章をまとめてみた。日本に感謝し、この国を立て直すためにも、今は多くの日本人に外に出てほしい。
最後に私の家族、この本に登場してくださった皆さん、アイデアを下さった仲間に感謝の気持ちを表して、本書の結びとしたい。

田村耕太郎

感謝をこめて

君は、こんなワクワクする世界を見ずに死ねるか!? 朝日文庫

2023年11月30日　第1刷発行

著　者　田村耕太郎

発 行 者　宇都宮健太朗
発 行 所　朝日新聞出版
〒104-8011　東京都中央区築地5-3-2
電話　03-5541-8832(編集)
03-5540-7793(販売)

印刷製本　大日本印刷株式会社

ISBN978-4-02-262003-3

朝日文庫

ドナルド・キーン著／金関 寿夫訳
このひとすじにつながりて
私の日本研究の道

京での生活に雅を感じ、三島由紀夫ら文豪と交流した若き日の記憶。米軍通訳士官から日本研究者に至るまでの自叙伝決定版。《解説・キーン誠己》

佐野 洋子
役にたたない日々

料理、麻雀、韓流ドラマ。老い、病、余命告知——。淡々かつ豪快な日々を綴った超痛快エッセイ。人生を巡る名言づくし！《解説・酒井順子》

深代 惇郎
深代惇郎の天声人語

七〇年代に朝日新聞一面のコラム「天声人語」を担当、読む者を魅了しながら急逝した名記者の天声人語ベスト版が新装で復活。《解説・辰濃和男》

本多 勝一
〈新版〉日本語の作文技術

世代を超えて売れ続けている作文技術の金字塔が、三三年ぶりに文字を大きくした〈新版〉に。わかりやすい日本語を書くために必携の書。

群 ようこ
ゆるい生活

ある日突然めまいに襲われ、訪れた漢方薬局。お菓子禁止、体を冷やさない、趣味は一日ひとつなど、約六年にわたる漢方生活を綴った実録エッセイ。

山里 亮太
天才はあきらめた

「自分は天才じゃない」。そう悟った日から地獄のような努力がはじまった。どんな負の感情もガソリンにする、芸人の魂の記録。《解説・若林正恭》